中國文化的基層架構

馬　森◎著

序　言

　　生在五四運動後的大變動時代，身經日軍侵華和國共鬩牆的兩大戰亂，目睹國人從傳統向現代蛻變所遭受的種種痛苦，不能不對我國的文化與國運有所反思。從清末義和拳的「扶清滅洋」到張之洞的「中學爲體，西學爲用」，再到陳序經的「全盤西化」，一路走來倍感艱辛，距離西方的民主與科學仍然如此遙遠。回首我國的固有文化，既然綿延數千年之久，絕對有其存在及持恆的理由，不能以「封建」一語概括否定。如果沒有遭受到清末以來的西潮東漸，中國文化勢將依循千年的故轍繼續發展，亦會自我完足，不假外求。然而西潮打亂了中國的發展軌跡，對比之下，國人不可能再有任何不假外求自我完足的感受，於是強力扭轉前進的方向，以俾能夠加入世界列強的行列並駕齊驅，此乃十九世紀以來的世界大勢使然。

　　世人所謂的「四大文明古國」，除巴比倫外均尚生殖繁延於世。尤其是中華文明，歷經數千年的顛躓，屢仆屢起，具有特強的韌性。其間雖有晦暗之時，呈現出湯恩比（Arnold Toynbee）所謂的「僵化」（petrifaction）樣貌，但這是諸文化的常態，非中華文明所獨有的現象。其實對人類的文化而言，與其稱之謂「僵化」，莫若比之於「繭化」，僵化不再具有生機，繭化卻是生機的一種變相。任何文化對習於其中的族群都未免具有雙重的作用，一面維繫、保護族群的生存與

發展，另一面也局限了族群發展的趨向，正如繭之於蛹的關係。世界上的文化有的破繭而出，發揚光大，有的窒息而僵，失去了光輝，甚至斷絕了生機。中國文化也須經過破繭的過程，如果能夠破繭而出，自將會是另一種面貌。這是我對世界各文化發展細心觀察而後的心得。

文化乃人類活動所自然形成者，其間只有差異，沒有優劣，因此我們對文化的探索，切不可陷於個人的主觀情緒，只有以客觀的理性態度釐析其根源、追蹤其發展的脈絡，庶幾掌握此文化之真相。在我長久對中國古史的探索中，也像李維史陀(Claude Lévi-Strauss)鑽研人類學的思路一般，落在神話在文化形成中所起的作用上。雖然我國古史所載多實際而少神話，但仔細讀來，就會發現在對實際的記載中，仍含蘊了不少神話。譬如遠古的虞舜一再為其父瞽叟及其弟象所害，而終不易其孝悌之心，實在顯示了為意識型態包裝而後的結果，正是周以後家族主義的反射。在崇尚宗法制度的家族中，父親的地位是不可動搖的權威象徵，即使如瞽叟之愚之惡，亦不可奪其權勢；即使如舜之智之善，亦不可逾越身為人子的謙卑。又如周初的姜尚，一出現即以老人的姿態來扶佐周文王治國；文王逝後又扶佐武王伐紂，那時已是百餘歲的人瑞，尚能在戰場上衝鋒陷陣，豈非神話而何？這樣的原型一再出現在中國的史冊中，不能不成為我們認識中國文化的重要線索。前者毋寧是人子盡孝的典範，後者則是主導數千年人際關係及社會地位的「老人文化」的原型。

我提出「老人文化」一詞，並無貶意，正如前言，任何文化只有異同，而無優劣。在農業生產及家族主義的社會中，掌權者定是父輩老人，其經驗和知識是靠天吃飯的農業生產所仰賴的可貴要件，老人享有權力與受到尊重是自然的事，同時也是必要的事，因而才會形成

尚老的「宗法制度」。但是到了工業生產的社會，家族主義解體，老人權力漸失，其滯重難改的積習與對新事物反應的遲緩，反倒成了社會進步的阻礙，是故老人文化與工業文明形成格格不入的現象，這正是老人文化從優勢轉為劣勢的根本原因。

在農業生產的周文化中所形成的儒家思想，正代表了周文化的核心價值，呈現出老人文化的樣貌，受到東方及中原地帶的族群擁戴。其他如邊陲的秦文化、楚文化，雖都曾鼎盛一時，甚且秦有實力統一了東方諸國，但均無能與周文化抗衡，而逐漸為周文化所吸收消於無形。異於周文化的墨家、道家等學派，自然也一一被排斥到邊緣地帶。黃老思想在漢初曾一度盛行，唯至漢武帝以政治的力量罷黜百家、獨尊儒術，因而也無能繼續與儒家抗衡，遂使儒家一枝獨秀，以其所弘揚的盡孝與尚老的宗法制度來規範國人的思想與行為，與農業的生產方式相輔相成，綿延數千年無多大改變，直到五四運動在巨大的西潮衝擊下，儒家的思想才受到嚴厲的檢核與批評。

一個人的生理及心理在成長的過程中，有些基本的性質無法為後天的環境與教育所改變，同理一個民族的靈魂在外來文化的激盪中，不管這外力多麼強烈，也難以徹底改變或消彌。這民族魂，用現代的詞彙來說就是榮格(Carl G. Jung)所謂的「集體無意識」。既是集體的，又是意識不到的領域，就非個人的意願所可左右。也正因為這個緣故，青年人與女性在中國傳統的老人文化的視野中始終處於劣勢，以致限制了活潑的年輕頭腦和族群一半的婦女對文化發展的貢獻，壓縮了文化的生機；沉澱在潛意識中的尚老、慕父的情結，窒礙了開出現代的科學精神與民主、自由的觀念。遠古的神話及其所形成的原型都深深地涵泳在國人無意識的黑暗海洋中，左右著我們的思想與行為。所以首先必須把無意識提升到意識的層面，才會有真正改弦易轍

的希望。

如果未經西方強勢文化的入侵，中國顯然可以依循既有的軌轍發展下去，不必有資本主義，不必有工業生產，也不必有民主政治。在過去三千年的王朝更替中，中國人自有其悲歡生涯，中國文化也呈現了相當明確的自足性，無須外來的輔助。在無所比較的情況下，除繼承本體文化所能提供的需求外，便沒有其他可欲的對象。但自從西方的強勢文化入侵以後，固有的常道在價值觀念的動搖下忽然變得可疑了。首先動搖的是君主政治，其次受到衝擊的是小農經濟。君主專制不能再滿足受過西方民主思潮洗禮的知識份子的需要，小農經濟也無法饜飽嚐過工業產品甜頭的一般人民的欲求。因此，中國也不由自主地步上追尋工業生產和民主政治的道路。難道說西方國家所走過的路徑是人類唯一的道路嗎？這個問題曾經困擾著十九世紀以來的社會思想家。英國的斯賓塞(H. Spencer)認為人類社會是單線進化(unilinear evolution)的，先由原始的社會發展成君主專制的政體，再由君主專制的政體發展成民主的工業社會。根據他的理論，西方的社會是最先進的，其他如東方的社會、非洲的社會，都依次排列在這單一的發展線的某一個點上，待機向民主的工業社會前進。

他的這種論點，雖然被後來的社會學家詆為「社會的達爾文主義」，帶有帝國主義、殖民主義的氣味，可是影響巨大；甚至主張無產階級革命的馬克思也無能擺脫輕視亞非等地區的偏見。較後的人類社會學家，像史徒華(Julian Steward)和李維史陀等都曾主張多線進化(multilinear evolution)的理論，認為每一個社會本具有各自的道路和趨向，殊無道理必要邁過西方社會所經歷的路徑。近代的人類學和社會學的研究成果，雖然使後一種理論看來更接近事實的真相，但是也並不能否認文化的傳播會促使眾多的社會無法堅持固有的軌道，不得

不中途改弦易轍。

照斯賓塞的想法，西方以外的社會將永遠追隨在西方之後，永世無能和西方世界並駕齊驅。他絕未夢想到在短短的一個世紀中，部分東方社會在經濟生產上已經跑在了一些西方社會的前頭。西方的近代發展，用一句抓住要領的話來描述，就是資本主義的運作開拓出「自由競爭，擇優而取」的機能。資本主義以外的經濟運作到目前爲止都沒有表現出這種機能，這就是爲什麼針對資本主義的弊端而起的社會主義，不旋踵在經濟和政治上雙雙遭到挫敗的命運，而不得不回過頭重新汲取資本主義的經驗。個人主義乃伴隨資本主義而生，雖然個人主義暴露了孤絕、疏離、寡情的種種缺陷，但是具有個人自主與自由的長處，是故傳統的集體主義，不論是家族式的，還是宗教式的，在資本主義的運作下都不得不向個人主義低頭。重拾傳統社會集體主義的社會主義，在經濟上、政治上既然都慘遭挫敗，其集體主義的實施也沒有發揮出應有的優越性，反倒把蔑視個人主體與不尊重個人思想自由的缺點暴露無遺，因此當經濟的運作資本主義化之後，也就無能繼續下去。

中國在屢躓屢起的顛躓中歷盡了萬般的磨難與痛苦，而終於義無反顧地走上工業化與民主政治的道路，經濟上自然無能避免地追隨資本主義的足跡。台灣成爲先鋒，龐大的中國大陸勢必無所選擇地跟進。即使目前似乎無意或無能立刻追上，也不過是礙於慣性的愚執，使自己的同胞多吃些苦頭而已，而終會有智明事順的一天到來。固然民族魂具有強大的力量，但是比民族魂更深一層的還有人類魂在那裡，是故任何人類的文明如果是優質的，都有爲其他民族吸納成爲其壯大自我之滋養的可能。

本書從中國遠古的文化形成與其架構講起，除了參考結構功用主

義（structural-functionalism）的理論，也兼採李維史陀的神話研究路徑以及佛洛依德（Sigmund Freud）和榮格所建構的心理分析和文化原型（archetype）的理論，主要討論的是中國文化在歷史發展中的基層架構及其影響。從結構功用主義的觀點來看，特定的社會文化中的任何部分，都與其他的部分緊密結合，息息相關，可說牽一髮而動全體。譬如過去中國婦女纏足長達千餘年而未見其弊，正由於婦女纏足為當日文化中組成的一部分，與當日的社會生活與審美觀念相契合之故。如果我們細讀《列女傳》中母儀與貞女事例及其所期待於婦女的德操行止與形象，就會發現婦女纏足絕非出之於偶然了。馬克思主義者認為下層建構決定上層的意識型態，其實上下也是互相依附，互為表裡，是故農業生產時代而有上層的「老人文化」。但若上層的意識型態鬆動，也會影響下層的建構，西學東漸以後的中國社會變動是一次有力的例證。遠古的歷史不明，唯從神話的分析可以看出古人潛意識和無意識中潛藏的隱晦不明的心象。這些心象常以原型的樣貌表現在外，且在歷代傳承中屢屢出現，正提供給我們解析文化發展的脈絡，可以進一步理解中國文化的原始基層樣貌。

西方異文化的衝擊，既是中國文化的災難，同時也是中國文化的轉機，本書也企圖指出中國文化改弦易轍後，在工業生產和民主政制前途上所遭遇的曲折以及所顯露的曙光。1983年在香港曾出版過一冊孫隆基著的《中國文化的深層結構》，該書書名與本作近似，採用的是結構主義的方法，描述在日常生活的具體細節中中國人所表現的行為，但偏重在說明中國人的個別行止與人際關係，與本書重點放在歷史文化的意涵與傳遞上，脈絡迥異，所見有別，但亦可與本書參照閱讀。

目　次

第一章
文化的意涵

一、人類是否有創造文化的潛能？

今日來談一國的命脈與發展，有兩個問題立刻來到我們的思緒中：一國的人民，做為一個族群，能否任意地變革與發展？還是受到該國的歷史、文化所限，在變革與發展中會遵循一定的道路？

當然這樣的問題也可以擴大用來詢問人類整體的發展：人類的文化是否為人類進化中生理構造與自然環境交互作用的結果？還是人類先天就具有創造文化的潛能呢？前者意謂著有相當的局限，而後者則似乎敞開了自由發展或不同文化體系間交互影響與適應的可能。

這兩組問題是息息相關的。如果人類的文化是生理構造和自然環境交互作用的結果，那麼一個族群的原有歷史、文化在其變革發展中，定起著決定性的作用。如果人類先天具有一種創製文化的潛能，那麼族群的發展便會更加自如。

人類的起源既然仍是謎一樣的課題，要企圖了解這一類的問題，一定得要先從一個族群具體而實有的文化上來探索才行。

二、文化釋義

我們對「文化」一詞的應用，今日與古代中國已經有了很大的區別。譬如在《辭海》中就有兩種解釋：一是我國古代的用法，舉《說苑·指武》：「凡武之興，爲不服也，文化不改，然後加誅。」就上下文義觀之，「文化」不是一個名詞，而是一名詞、一動詞。謂以文化之而不改，則以武加誅。又舉南齊王融〈三月三日曲水詩序〉曰：「設神理以景俗，敷文化以柔遠。」「文化」在此是「文治教化」的意思。二是由西方傳來的意義，也就是相當於英、法文culture一字的含義，謂：「人類社會由野蠻而至文明，其努力所得之成績，表現於各方面者，爲科學、藝術、宗教、道德、法律、風俗、習慣等，其綜合體，則謂之文化。」

我們今天談文化，大概都用的是第二種意義；第一種解釋反成古義，棄而不用了。由此亦可見我們有不少文義，已伴隨著文化的變革發生了變化。本文所欲探討的正是「文化」一詞的含義。

人類對文化之概念的掌握及對文化內涵的諦視與解析，應該說是相當近代的事。雖然不分中外，古代發展較早的學問，如哲學、史學、文字考據之學，都可以視作文化組成的部分，但是那時候並沒有掌握住文化的整體意涵，也沒有明確地把文化與社會的結構和人的行爲綰連起來，做爲一種探察研究的對象。文化之具有今日的涵義，應該是來自人類「進化」的概念，與「文明」（civilization）一詞混融的結果。文化意指人類在超脫野蠻狀態過程中的種種表現，統涵社會中可以承傳的一切。美國民族學家摩爾根（Lewis Henry Morgan, 1818-1881）在《古代社會》（*Ancient Society*, 1877）一書中和英國人類學家

泰勒(Edward B. Tylor)在《原始文化》(*Primitive Culture*)一書中都曾把人類的進化分作三級,即「原始」(savagery)、野蠻(barbarism)和「文明」(civilization)(Margan 1877; Tylor 1871)。「文明」指的是具有豐富的文化時期。「文化」一詞意涵既廣,歧義自多,美國人類學家柯若貝(A. Kroeber)和柯魯孔(C. Kluckhohn)在〈文化──概念與定義評論〉(Culture, A Critical Review of Concepts and Definitions)一文中,列舉了一百六十個對文化的定義,都脫不出文化是使人類的生活和價值超脫動物狀態的種種行為與事物這一個範圍。(Kroeber & Kluckhohn 1952)在地球上,除了人類以外,動物界都沒有人類所創製的文化現象,所以可以說文化是人類社會的特徵,也是唯有人類才具有的特徵。就人類共有的特徵而言,文化泛指一切在社會中獲得,可以繼續傳遞的行為模式和事物。人類的語言、工業、藝術、科學、律法、政治、道德、宗教等固然是文化,就是經由人類的智能所產生的物質,像是建築物、工具、機器以及藝術品等,也都屬於文化的範圍。

三、文化與族群

　　一接觸到一個族群的文化的具體內容,我們便馬上警惕到一個事實:雖然文化是人類社會的共相,但文化的具體內容卻是因族群而異的。中國的文化不同於印度的文化,印度的文化不同於埃及的文化,埃及的文化不同於美洲印地安的文化等等。即使在同一個文化中,仍存在著次級的差別,例如以地區而論,中國中原的文化與邊疆地區的文化不同;以種族而分,漢族的文化與回族的有別,雖然他們可能在同一個地區,而且生息綿延了若干年代。由其相異者觀之,文化具有

強韌的傳承性是不容否認的。若再從另一個角度來看，移民是從一種文化遷移到另一種文化，譬如中國移美的華僑，數代後則異於本土的華人。這說明了文化也具有強烈的習染性。因此，一方面使我們了解到傳承性和習染性二者並非彼此排斥，另一方面也開啓了我們探索文化的穩定和變革的門戶。

十九世紀前半期，西方的工業國家，伴隨著資本主義的日漸隆盛，實行對外擴張的帝國主義和殖民政策。也正因爲這種政經軍事的原因，帶動了人類學與社會學的研究與發展。初期的人類及社會學家，在西方的工業社會之外，所觀察到的其他種族文化，與西方的工業文明有很大的一段距離，難免因此產生西歐種族文化的優越感，「種族決定論」(racial determinism)一度甚囂塵上，認爲不同的文化現象決定於種族，而種族則是有優劣之分的。(Gobineau 1853)十九世紀中葉，達爾文的「進化論」發表以後，物競天擇、優勝劣敗，適者生存的理論更助長了「種族決定論」的聲勢(Darwin 1958)。我們知道，德國的黑格爾(Friedrich Hegel)和法國的孔德(Auguste Comte)在當時西方的知識界影響甚大，二人都執有輕視非歐洲種族的態度。(Hegel 1956; Comte 1854)德國文化史家柯來姆(Gustav Klemm)寫了一部長達十巨冊的《人種文化史》(*Allgemeine Cultur-Geschicte der Menscheit*, 1852)，把人種分成「主動」(active)和「被動」(passive)兩種，蒙古人種(我們中國人在內)、黑人、埃及人、芬蘭人、印度人以及歐洲的下等階層都被派爲「被動」一類，只有日耳曼族高踞「主動」一類之首。(Klemm 1852)雖然他追隨黑格爾的歷史階段說，認爲不管是主動還是被動的族類，都會從野蠻狀態奔向文明與自由，但是在每一個階段的最高成就，卻只有主動的族類才可達成。法國的高比諾(Comte J. A. de Gobineau)的極端「種族決定論」更直接影響到

後來納粹對猶太人的仇恨與屠殺。

　　在這樣的氣氛中，英國的社會思想家斯賓塞(Herbert Spencer)的「社會進化論」，自然也把西方的工業社會擺在人類進化的尖端，其他的社會都注定了步向同一路程(「進化」和「適者生存」等字眼都是斯賓塞在達爾文以前就已使用的)，不可避免地也把種族的因素攪入社會進化之中。(Spencer 1896)然而他以違反自然進化原則的口實，非常厭棄社會主義與共產主義，毋寧預言了今日社會主義制度的崩潰。其實他與馬克思的觀念互通之處甚多，二人都主張社會的進步是經鬥爭而來，前者主張通過自然經濟的淘汰(自由經濟的先驅)，後者則主張必須通過階級鬥爭。馬克思雖然反資本主義和帝國主義，但也同樣具有種族的成見，「亞細亞的生產方式」就帶有十分輕蔑的意味。(Marx 1967)這種種的學說使十九世紀後半期的社會思想籠罩在帝國主義與種族歧視的迷霧中。

　　但重要的一點，是「進化」這一觀念由此確立，開啓了現代人對自我的認知，使以後的社會科學家都不能規避或否認人類的文化是日新月異進化不已的。

四、進化與擴散

　　原則雖然建立，解說仍然分歧。在自然競爭和社會鬥爭中進化以外，「擴散」(diffusion)也被認爲是文化發展的一個決定因素。極端的「擴散論」(diffusionism)者甚至倡言所有人類的文明，都是在六千年前源自同一個古代的文化中心——埃及。與「進化論」者最大的區別，則是「擴散論」者認爲文化不但可以進化，也可以退化。今日所見的一些原始部落，不一定必然是從更原始的狀態進化而來，也可

以是從比較高度的文明退化到原始狀態，例如十九世紀的美洲印地安文化，顯然不及早期的瑪雅(Maya)或印卡(Inca)文化昌明。這種觀念，德國的史學家斯賓格勒(Oswald Spengler)在他的著名的巨構《西方的沒落》(*The Decline of the West*)一書中發揮的淋漓盡致，在他眼目中，中國的文化從戰國以後，已經步上沒落的命運。(Spengler 1922)退化沒落以後，繼之以死亡，一個文化死去了，在地球上又有另一個文明代之而興。這種觀點的實證在人類歷史的演化中屢見不鮮。

那麼人類的文化在生死的鬥爭下，或在交互的影響下，是像斯賓塞所說沿著一條單一的路線進化(unilinean evolution)？還是像後來的人類學家所倡議的「多線進化」(multilinear evolution)？雖然站在維護各民族固有文化的立場，我們期望人類文化發展應具有多元的面目，但以今日新興的發展國家無不奔向工業化和歐美式的政經結構的情勢而言，則使我們不能不抱有「單線進化」的隱憂。當然，假想伊斯蘭教徒有一日改信基督，或基督教徒歸入伊斯蘭的崇信，未免不切實際。因此，是否單線進化的問題，在今天是無法結論的案例。

我們中國文化在二十世紀，正面臨到何去何從的挑戰。我們是一個古老的文明，但我們的文化根柢到底何在？如何保有或是否應該保有我們的文化之根？在走向西方式的自由經濟和民主政治的道路上，我們的局限何在？是否應該毫無保留地擁抱西方的文明？這恐怕都是今日我們應該深思的問題。

如果我們尚無法解答這類的問題，至少我們應該嘗試研討、描繪出中華文化的根基所在，正像一般文化人類學(cultural anthropology)的學者所努力的一樣。

第二章
文明的成長、僵化與覆滅

一、文明的經驗與步伐

　　達爾文(Charles Darwin, 1809-1882)的《物種起源》(*Origin of Species*, 1859)帶來了人類自我認知的新紀元，也開啓了近代人類學的研究，人們終於脫離神話和聖經的範繫，理智地、科學地來探索人類起源與發展的問題。摩爾根在《古代社會》一書中認爲人類的歷史都是同一源泉、同一經驗和同一步伐的。這種觀點的標舉，是爲了總結他人類從「原始」到「野蠻」，從「野蠻」到「文明」的三階段必經之路的理論(Morgan 1877)，顯然是繼達爾文「進化論」的餘緒，最早的對人類族群和文化發展的認知。

　　今日看來，這樣的立論，自然有商榷的必要，因爲地球上各族群的發展是否爲同一源泉，尚無法確定，但是從「原始」到「野蠻」，從「野蠻」到「文明」的進化中，各族群肯定並不是同一經驗和同一步伐的。從文明的觀點來看，在有些族群已經進入高度文明的時代，另一些族群還依然停留在原始或野蠻的狀態(從自以爲文明的族群的眼光來看)。譬如拿蘭嶼的原住民和台灣本島的漢人相比，便存在著顯然絕不類同的經驗和文明進展的步伐。

　　較爲可靠的觀察和推理，毋寧傾向於各族群、各文化的發展是參

差不齊的，甚至可以說是方向各異的。而況，在時間的長流中，不乏一些族群和文明滅絕，而另一些族群和文明興起的實例。

在地球上，從洪荒的年代到今日，到底有多少個族群和文化曾經生存過？這是一個無法回答的問題。首先，族群的界定，正如文化的界定，非常困難。在時間的流動中，並不是所有的族群和其具有的文化跟其它的族群和文化彼此隔絕，表現出涇渭分明的界域。其次，可以用名稱來稱謂的族群，真是多如牛毛。以我國而論，就有漢、滿、蒙、回、藏、維吾爾、台灣原住民等五十多個民族。又如拿少數民族眾多的雲南省爲例，據《雲南少數民族婚俗誌》載，有彝族、白族、哈尼族、壯族、泰族、苗族、傈僳族、回族、佤族、拉祜族、納西族、景頗族、瑤族、藏族、布朗族、普米族、怒族、崩龍族、蒙古族、阿昌族、獨龍族、基諾族、布依族、苦聰族等二十四個婚俗不同的族群。(楊知勇 1983)既然婚俗不同，也代表了文化的差異，實際上可以說是二十四種不同的文化。

雖說近代交通資訊均非常發達，但仍然有不爲人知的新族群的發現，例如據湯恩比(Amold Toynbee, 1889-1975)的《歷史研究》(*A Study of History*)載，1935年在大西洋巴布亞(Papua)島上發現了一個擁有密集農耕技術的族群，是以前從未爲人所知的。據說他們的農作技術，乃在未知的遠古從一個未知的文明傳遞而來(Toynbee 1946)。

二、四大文明古國

歷史書中常言的古代四大文明古國：巴比倫、埃及、印度和中國。其中巴比倫的文明早已湮沒在歷史的塵埃中。埃及和印度做爲兩個大族群雖然仍在，但古代的埃及文明早已爲回教文化所替代；古代

印度文明看來不絕如縷，可悲的是連印度的大文豪泰戈爾都不得不用英文來寫作，那麼所謂印度文明者又有多少成分是由印度人自己創製賡續而來？

所餘的只有中國，不但仍保有了獨特的語言文字，而且中國的典籍、習俗，仍是主導近代中國人文精神的主要支柱。然而自鴉片戰爭以後，中國的文化遭遇到千古不遇的勁敵，忽然顯現出其蔽陋破敗的一面。五四運動於是帶著啓蒙的姿態，大張雙臂，幾無所保留地迎接著西方日益興旺的資本主義工業文明。中國人，一向自傲的炎黃子孫，忽然驚覺到，不獨在經濟物質文明上遠落人後，即使精神文明，也似乎難以與西方世界抗衡。於是奮起擁抱西方的民主、科學，學習西方的文學、戲劇、音樂、美術，移植西方的宗教、風俗，在生活和思考上毫不遲疑地步上日益西化的道路。這一切都說明了中國的文明似乎已日薄西山；不久的將來，如不能振作再起，則只有繼巴比倫、埃及、印度之後，成爲歷史的絕響！

如果肯於脫開情緒化的自惜自戀，客觀地返顧中國的文明，庶幾能獲致幾許歷史的眞實足跡。首先再說斯賓格勒的宏觀視境，他在《西方的沒落》一書中，認爲人類文明本就是新陳代謝不止的，新興與覆滅都是不可避免的歷史過程。

英國史學家湯恩比是眾多回應斯賓格勒理論的響亮的聲音之一。他的《歷史研究》一書，對人類的文明，雖不能說完全樂觀，但至少已經用具體的歷史例證說明兩個類似的姊妹文明，像敘利亞和希臘文明，一個從興起到滅亡只有短短的兩百年，而另一個卻多延長了五個世紀。如果兩個類似的文明可以有如此不同的壽命長度，足證文明的壽命並不像生物界一樣具有先天命定的局限。事實上我們無法找到一個文明絕不會永遠成長下去的先驗的理論根據。可悲的是，湯恩比也

不能不承認今日地球上所見的最長久的文明，如基督教文明，也尚沒有超過兩千年。

那麼中國的四千年文明又從何說起？

中國的四千年文明，是把三皇五帝的神話時代計算在內的。從現代人類學的角度，或從現代史學的角度，我們都不能把神話當作歷史來看待。而況，據地下出土的實物，商代的文明與周代是截然不同的兩回事，不能因為司馬遷在撰寫《史記》的時候，把〈殷本紀〉放在〈周本紀〉之前，就把二者看作是同一個文明。否則，西方的文明應該從希臘、羅馬算起，而羅馬對希臘也未嘗不可說是一線相承了。

三、中國文明的壽命

中國漢族的文明(商民與周民並非同一個族群)，如從西元前十二世紀周翦商開始算起，距今不是也有三千年了嗎？這自然應該是一種足以令人自豪的壽命。但可惜的是近代的史學家並不認為中國的文明是三千年來都在不斷地發展成長中。前言的斯賓格勒把中國文明的成長下限定在戰國末年，在他眼中秦漢的文明已經是沒落以後的末流了。這種觀點自然不容易讓中國史學家所樂意接受。比較樂觀的湯恩比，則把中國文明之式微定在第九世紀末唐之覆滅。至於以後呢，他認為中國的文明已經失去了原有的創造力，像古代埃及文明後期所呈現的那種雖生猶死的狀態(life-in-death)。湯恩比另外所用的一個詞是「僵化」(petrifaction)，僵化的文明就是行屍走肉一般。

「僵化」可能延續很長的一段時期，如果運用我國俗語所謂的「好死不如賴活」的標準來衡量，「僵化」也未嘗不是存活的一種方式，但如把生命看成一個創造的、發展的主體，那麼「賴活」和「僵

化」的價值就不值得重視了。

「僵化」相對的另一條路是否就是覆滅呢？湯恩比並沒有馬上回答這一個問題。他認爲更重要的是要找出一個文明之所以覆滅的原因。

他以爲一個文明之所以會覆滅，有兩個主要的原因：一個是來自外來的攻擊；另一個是來自內部的分裂。二者均出於主導文明的具有創造力的少數失去了創造力，或爲缺乏創造力的另一批少數所取代。他以爲一個社會的內部團結，乃由於沒有創造力的大眾甘心歸附具有創造力的少數所致。倘若居於領導地位的少數本身不再具有創造力，便無法獲得大眾的甘心歸附，勢必施用暴力的手段以達成萬眾一心的假象。以暴易暴，便是內部分裂之源。

外來的攻擊也由於同樣的原因。當一個文明的主導者具有創造力的時候，相鄰的低度發展的社會一定會爲文明而心折，設若主導文明的少數不再具有創造力，而依然居於施放影響力的地位，所獲得的反應就是武力攻擊！

四、文明放射的三種形態

湯恩比進一步分析，文明所放射的光芒有三種形態：一是經濟的，二是政治的，三是文化的。當一個社會在文明成長的過程中，這三種光芒會以同等的光彩向四方放射，而且會以人文的非物質的方式顯現出同樣誘人的魅力。一旦社會的文明停止成長，文化的魅力首先失去了光彩，所剩的可能只有經濟的和政治的光芒，也許比以前更加有力地放射出去。不過，文化既是文明的核心，經濟和政治的皮毛，不管多麼堅強，終於會露出外強中乾的面相。

今日社會主義制度的迅速解體，不能說不是因為過去一批失去了創造力的少數領導，一力專重政經，而輕視文化的結果，不幸讓湯恩比在四十年以前就言中了。

斯賓格勒和湯恩比二者對人類文明的成長、僵化和覆滅的議論，有其深刻的洞察力，但二人對中國文明的觀察卻不一定中肯。首先斯賓格勒對漢唐的文化缺乏了解。湯恩比也忽略了宋代在文化上的貢獻。我們都知道，即使到了馬可勃羅（Marco Polo, 1254-1324）東遊的時代，中國依然執文明之牛耳。李約瑟（Joseph Needham, 1900-95）在《中國的科技與文明》（*Science and Civilization in China*, 1954-70）中言之甚詳。但自從蒙古人南下牧馬大事破壞之後，繼之明代的專制政體，正如湯恩比所言，由一批不具有文化水準又缺乏創造力的少數盤踞高位，內外都欠缺令群眾歸心的魅力。先是僵化，繼之以分裂，才會有滿人的乘機進關。滿人於入主中原之後，雖盡力平復漢人的怨懟，終因以外族盤據異土，勢難以令萬眾歸心。滿人本身之文化又殊少光彩，欲求具有創造力的少數來統領中國，不可得矣！

中國文明之所以一蹶不振，在以上二人的理論透視下，會發現一些基本的原因。然而正如湯恩比所言，尚無法找到一個文明不會永遠成長下去的先驗的根據，那麼中國的文明將來會在強勢文化的衝擊下而覆滅？將因西方文明的入侵而轉化成另一個嶄新的文明？抑或因外力的刺激而再興？

這幾個可能性都還不是目前的史學家所可解答的！

第三章

人類文化的模式——繭式文化

一、圖騰與禁忌

如果我們要選舉一個——只有一個——對二十世紀人類的文明有決定性影響的思想家,最有資格中選的會是誰呢?倘若我們不被馬克思在社會主義國家中所造成的先聲奪人的聲勢所迷,我們很可能都會投佛洛依德(Sigmund Freud, 1856-1939)一票。馬克思雖然在社會主義國家中被奉為聖人,其對經濟學和社會結構的分析也確有獨到的見解,但他的過激主張卻為人類帶來了莫大的災禍。今日,伴隨著東歐和蘇聯共產制度的崩潰,他的影響也正在消退中。佛洛依德恰恰相反,他的影響是在無聲中漸進的。他對人性與文化的分析深刻洞澈,強烈地左右了二十世紀人類的自我認知和行為,也主導了本世紀人文社會學科的學術研究。

佛洛依德雖然只是一個心理分析醫生,他的過人而具有創見的洞察力,使他從病態心理的臨床個案研究開始,發展出他對人類心理、人格成長以及文化領域的博大精深的論著。他對人類文化起源的看法,自有其獨到的見解。他主張人類的文化乃來自初民的悔罪心理,換一句話說,文化是人類心理壓抑扭曲而後的結果。這種觀點與《聖經·創世記》中的象徵圖景有異境同趨之妙。

在《聖經‧創世記》中，上帝創造了男人，便把他安置在伊甸園中。「上帝使各樣的樹從地裡長出來，可以悅人的眼目，其上的果子好作食物。園子當中又有生命樹和分別善惡的樹。……上帝吩咐他說園中各樣樹上的果子，你可以隨意吃，只是分別善惡樹上的果子，你不可以吃，因爲你吃的日子必定死。」（《舊約‧創世記》第二章）上帝又從男人身上取下一條肋骨造了女人，來陪伴他。本來二人這無憂無慮的日子（無文化狀態）是極快樂的生活，無奈女人經不起蛇的誘惑，吃了分辨善惡樹上的果子，又給男人吃了，二人因此長了智慧。這種行爲是對上帝的背叛，遂被逐出了伊甸園去，開始過起勞苦的生活（文明的開始）。

佛洛依德並非以《聖經‧創世記》做爲基型來尋索人類文明的起源，而是從早期人類學家所蒐集的資料及研究成果中演繹出他的結論。他的《圖騰與禁忌》（*Totem and Taboo*, 1918）一書即在闡明「圖騰」的樹立和「亂倫禁忌」（incest taboo）是互相關聯的。他認爲在遠古的時候，群居的野人受著生理行動的左右遠遠大於以後具有某種社會規約時的人類。一個年長的雄性，爲了佔有群中所有的雌性，會使用暴力驅逐初成長的雄性（兒子）。受著性飢渴的驅策，被驅逐的兒子有那麼一日——也許是在攻擊武器出現以後的日子——便合力把年長的雄性（父親）殺死，並且生食父親的屍體。他們對父親的痛恨，是因爲後者阻扼了他們的性行動和權力的慾望，然而在幼年成長的過程中他們也受到過父親的保護，並且崇拜過父親。在以殘暴的手段發洩了恨意，又以生食父親的屍體向後者認同以後，罪疚之感便油然而生；父親的形象變得甚至比生前更加強大。爲了拔除這種強烈的罪疚之感，他們一面壓抑了對父親所有的女性——眾母親、眾姊妹等——的性行爲，一面創造了代替父親形象的圖騰（通常以一種動物作爲象徵）

加以膜拜。在圖騰膜拜中，有兩項並行而恪遵的禁忌：一是禁殺圖騰的動物（父親的代替），二是禁止同一圖騰之下的兩性之間的性行為（外婚制之始）。（Freud 1918）以上兩項便結合在心理學上著名的弒父娶母的「俄狄普斯情意結」（Oedipus complex）上頭。

有了兄弟聯合的族群和外婚制，才有社會組織的可能。有了圖騰的崇拜，才漸次演變成宗教與文化。

佛洛依德的註釋是一個強有力的推論，並不必然就是人類進化的事實，正如《聖經‧創世記》的神話一樣，象徵的意義大於歷史的意義。但是二者都共同地說明了文化在罪悔的心理中產生。文化就如同春蠶痛苦地吐出的絲，把自身的一部分化作保衛自身的屏障。

二、繭式文化

本文所要討論的主題，並非以佛洛依德的假說做為依據，而是受到佛洛依德假說的啟發，由此窺見文化對人類的發展所具有的雙重意義：正面的與負面的。文化一方面保護且維持了人類走向文明社會的成長，另一方面也抑制了人走出原有的軌跡。

採取一種宏觀的視境，人類在伊甸園的無文化狀態是最自由、最不受拘束的，但是在上帝創造的伊甸園中並沒有人類絲毫的貢獻在內，人自然也無法在這種狀況下發現自己存活的意義。一旦走出伊甸園，因而產生了某種文化，人類的生命便因此賦予了某種意義與目的，同時也就形成了一定軌轍和約束。以象徵的詞彙來說，就像繭之於蛹，既保護了蛹之安全與生存，使它有完成一種既定目的的可能，卻也限制了蛹的進一步的發展。蛹一旦變而為蛾，勢必要破繭而出，始可生存。如無能破繭而出，便只有窒息而死。

　　就世界上已存有的文化對人而言，可以說都是繭與蛹的關係。不幸的是人類遠不及蛹之幸運，破繭而出的極少，窒息而斃的極多。東方的印度文化、中東的回教文化，今日看來都是在作繭自縛。巴比倫文化、瑪雅文化、印卡文化和無數在歷史上曾一度出現旋即如流星般夭滅的眾多文化，則等於把蛹窒息而死。今日中國的文化，不是也面臨著關鍵性的考驗嗎？

　　在談到中國文化的繭式狀態之前，我們不妨先舉幾個破繭而出的例子。如果把西歐的資本主義文明看作是一個文化單元的話，這個文化是人類文化中極少數有能力成功破繭而出的例證。

　　基督教原是一個繭，只要翻開西方的歷史，就可以看到在中古時代，基督教對西歐人的束縛有多麼大。不但在實質上教會占有了極大的土地和財產，在政治上也擁有決定一般人命運的權力。違反聖經的言論動輒遭到以異端之名處死的命運。但是在這種嚴酷的束縛中，不但產生了新教革命，而且孕育了追求科學真知的種子。今日西方最著名的古老大學，像英國的牛津與劍橋、法國巴黎大學的索邦學院(La Sorbonne)原來都是教會培養教士的所在。我們可以說，違反聖經的「進化論」和天文學、近代的物理、化學、醫學的成就，其實都是在基督教的內部發展出來的。就是本世紀中期否認上帝存在的「存在主義」(existentialism)，原來也是從篤信天主的齊克果(S. Kierkegaard, 1813-1855)的思想發展而來。基督教的本身不是累次地在突破自身所結之繭嗎？

　　次言西歐之從君主政體蛻變為近代的民主制度，法國固然是經過了1789年一場激烈的大革命在斷頭臺的屠刀下痛苦地破繭而出，英國卻未遭遇如此可怕的經驗。英國是從1215年的「大憲章」(Magna Charta)削減了英王的權限開始，一點一滴地走向了議會和多黨的民

主政治。這中間走的是妥協的路線,在每一個妥協的關口,很難說是完全由於形勢所迫,還是來自當事人的智慧,結果是使英國成為世界上保有了王位而行使民主政治的最完美的見證。英法兩國以不同的手段,都達到了突破君主政體之繭的目的,使兩國的民族與文化命脈不但得以延續,而且獲得進一步的發揚光大。

再拿資本主義制度當作一個繭來看待。十九世紀的資本主義伴隨工業革命而成形,但是當日西歐的資本主義國家,對內形成了資本家對勞工階級的殘酷剝削,對外則表現出帝國主義壟斷市場、掠奪殖民地、侵迫弱小民族的殘暴行為。因此,才使馬克思等激進的革命家以階級鬥爭的手段剷除罪大惡極的資本主義,建立各盡所能各取所需的共產主義社會。資本主義之所以未被馬克思言中而瓦解,倒也並不完全是因為馬克思言而無據。在馬克思的有生之年(1818-1883),他對資本主義的種種批評本是有根有據的,他之所以不幸而未言中,主要乃因資本主義本身的破繭而出,以福利社會制度取代了資本家對勞工的無饜剝削,以尊重民族自決和經濟的互利政策取代了帝國主義的蠻橫侵略。今日資本主義不但發展得更為昌盛,甚至反過來迫使社會主義國家不得不改弦易轍,也步上資本主義已走過的道路。

除了西方文化種種破繭而出的實例以外,在東方的日本文化也是具有破繭而出的功能的少數文化之一。如果說日本的本土文化也是一個繭,日本人卻能夠借用外力,例如吸取中國文化的菁華,突破日本本土文化之繭。爾後日本在唐化後有逐漸形成另一個繭的形態,又待明治維新借西洋文明之力,突破了日本的唐代之繭。論日本的地理環境,與爪哇何異邪?日本之所以未流於爪哇人的命運,而有今日赫赫之勢者,端賴其破繭而出的能力。

相反的,中美的瑪雅文化,徒留下雄偉的殿堂、金字塔、精美的

石刻以及無人辨識的象形文字，而今已成爲博物館中的陳列品而已，這是窒息而斃的一個實例。吾人觀察今日居住在美加保留區內的印地安人，既不能貂續先祖的印第安文明，也不能心甘意願的接納白人的文化，只能日日以酒澆愁，前途一片黑暗，這種情況令人憂心北美印地安人終難逃使民族的血脈連同文化的香火均在自縛的繭中窒息而斃的命運。

三、中國文化之繭

　　中國在鴉片戰爭之後，在文化上即面臨到興滅繼絕的重要關頭。嗣後對中國未來的發展，有兩種極端的立場和看法：一是義和拳式的絕對排外，二是胡適之等知識分子所倡導的全盤西化。義和拳所表現的愛國情操和愚昧言行，至今仍難以使史學家對其在中國近代史上的正負作用加以合理的定位。至於全盤西化，則是五四一代知識分子的共同呼聲。右派的胡適、左派的魯迅，以及國民黨的大老吳稚輝，沒有一個不堅決主張放棄中國的封建傳統，竭力西化始足以挽救中國頹敗的命運。1949年以來，雖然國共分離成兩個敵對的政體，各有各的道路和主張，但是雙方卻都在默默地走著西化的道路。

　　大陸上的工業化固然是西化，社會主義難道就不是西化嗎？然而問題出在毛澤東所提倡的「中國式的社會主義」。社會主義的中國化，其實包容了方便實行個人獨裁的帝王思想，因而完全棄絕了代議制及多黨競爭的可能，使中國的政治策略與民主自由的理想愈來愈遠。即使在毛死之後，他的繼承者華國鋒、鄧小平等，仍然無能突破名則「人民民主專政」，實則與「君主專政」無異的寡頭政治之繭，終於導致了1989年6月4日的大悲劇，可見中國傳統的君主政體之繭，

雖名亡而實存，較之英、日兩國的名存實亡的君主政體，可謂有天壤之別矣！

台灣自從實施三七五減租以來的種種經濟措施，逐漸突破了小農經濟的格局，走上了資本化和工業化的道路。固然因此帶來了環保和社會治安的種種問題，但也使台灣達到了前所未有的繁榮富庶。在政治上，蔣經國在世之日確定了開放黨禁的政策，終使中華民國開國以來第一個可以與執政黨抗衡而又無匪黨之名的反對黨出現。新當選的第八任總統李登輝更在總統府正式邀晤了反對黨的領袖，使兩黨的競爭有成為君子之爭的可能。如果說議會與多黨競爭是民主政治的必要條件，在台灣二者名實的雛形都出現了，我們可以樂觀地說：兩千年來的中國君主政治之繭在今日台灣已經實質上突破了！

如果說中國的文化也是一些大小不同的繭，如今突破了一些，還有很多的繭需要繼續突破。已經突破了的繭，自然也會結出新繭來，到了某一個時刻，又需要有新的突破。不斷地突破，生命也就不斷地獲得新生，才不會流於湯恩比所謂的「雖生猶死」(life-in-death)的狀態。

至於中國文化的繭是一種什麼狀態以及如何結成的，是我們下文繼續討論的問題。

第四章
周文化的歷史地位

一、史料中的古帝王世系

要認識中國的文化，當然首先應該了解中國的古代歷史。中國既然早已經以歷史久遠的文明古國而自豪，足見是有古老的史料可據的。王國維在《古史新證》中把古代的史料分作兩部分：紙上的史料和地下發掘而得的史料。紙上的史料如《尚書》、《詩》、《易》、《大戴禮·五帝德·帝繫姓》、《春秋·左傳》、《國語》、《世本》（重輯本）、《竹書紀年》、《戰國策》及周秦諸子、《史記》。地下材料如甲骨文、金文、古器物等（王國維 1994）。

地下的史料是近代考古學興起以後才進行發掘，引起重視的。早年安陽出土的刻有甲骨文的龜甲和牛骨，曾被當作龍骨入藥，吃掉了不少。如今地下的史料尚不僅限於甲骨文和金文，還有器物也是研究古代歷史的重要資料。今日，我們講求科學精神，對於古代的歷史便處處尋找證據，不能只信紙上的史料。所以顧頡剛在他的十大本《古史辨》中便向紙上的史料宣戰質疑，認為夏朝可能只是商朝的歷史投影，禹根本就不是人，而是一條爬蟲。「湯放桀」很可能就是中國版的「俄狄普斯王」的故事，因為商湯的父親叫主癸(示癸)，而夏桀名履癸，兩個名字近得不得不使人懷疑他們可能是同一個人。（顧頡剛

等 1982)是否可以苟同顧氏的大膽假設是一回事，至少不得不佩服他想像力的豐富。

我們在強調科學精神之餘，另方面也會覺得完全放棄古代的紙上資料未免可惜，因為紙上資料也並非全不科學。譬如董作賓先生在他著名的《殷曆譜》中，將司馬遷的商王帝系與出土的甲骨文材料兩相比照，就證實《史記》的記載大體正確。(董作賓 1951)兩千多年前的司馬遷，當其在撰寫《史記》之時，手下一定掌握了豐富史料，不幸他那時治學尚不如今人之嚴謹，不但未曾列出史料的來源，在運用史料時也不曾先考校其真偽。然而，令人驚訝的是，司馬氏詳列了從黃帝以降的帝王世系，其詳盡細密之處，似並非憑空獨撰而來，而應該是有所本的。如果我們把〈五帝本紀〉、〈夏本紀〉、〈殷本紀〉和〈周本紀〉中所列的帝系合成數表來看，便會看出一些問題。

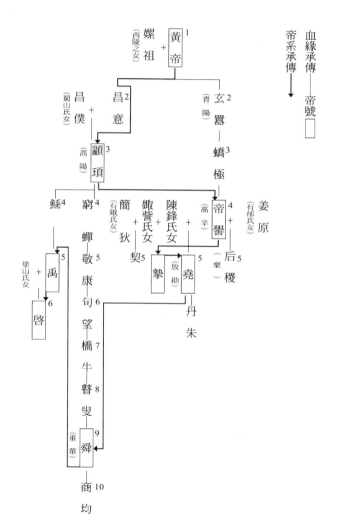

表一　五帝時代

　　從上頁表看來，堯、舜以及夏、商、周的帝王全係黃帝之後。問題卻在帝系的承傳在時間上似乎很不可能。按：帝堯和禹同為黃帝的五世孫，而舜竟是黃帝的九世孫。在這樣短短的九世之中，五世孫的堯怎可能傳位給九世孫的舜？而九世孫的舜，又怎可能反回來傳給五世孫的禹？窮蟬這一系，在他的親兄弟鯀和堂兄弟嚳只傳了一代的情形下，何以竟飛快地傳了五代之多？就是每一代均十幾歲生子，也不可能！

　　再看夏、商、周三代的帝系傳承：

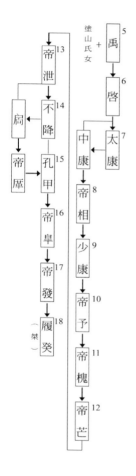

表二　夏代

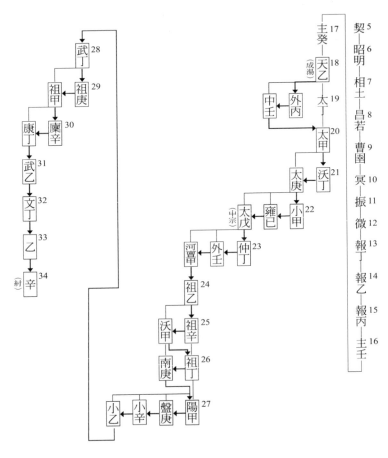

表三　商代

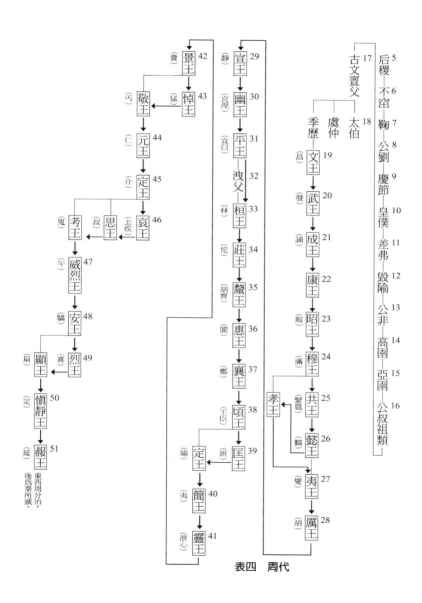

表四　周代

　　以上的帝系表顯示商湯與夏桀恰好同是黃帝的十八代孫，十分巧合。但是周的世系與商湯和夏桀同代的卻是季歷，時間的差別又太大了。再繼續參看商、周二代的世系，就會發現：殷紂與周莊王同爲黃帝第三十四代孫，但紂王爲西元前十一世紀之人，周莊王佗則已到春秋時代，其元年爲西元前696年。伐紂的武王該是紂王的同時代人，但武王爲黃帝第二十代孫，紂爲第三十四代孫，周室一系何繁殖如此緩慢耶？

　　如果我們相信司馬氏所掌握的商、周兩帝系的史料比較可靠，那麼不可靠的必定是〈五帝本紀〉中的材料。在〈五帝本紀〉中，商與周又同出帝嚳之後，夏則爲帝嚳的堂叔顓頊之後，在血統上說，商、周比夏爲近。這又說明了什麼？是否說明本以周爲基礎向上推，夏離周較古，故血統距離亦較遠。

二、史料的意識型態

　　我們確定的是，司馬遷既然是漢武帝時人，他所見到的史料則是早已在周文化的長久薰陶下所形成的材料，包含有一定的意識型態在內。這也就難怪把周的祖先后稷說成是帝嚳的元妃姜原之子。偏偏繼承帝嚳的並不是后稷，而是與娵訾氏女所生的摯。摯立不善而崩，輪到他的弟弟放勳（放勛）繼位，就是堯。他是帝嚳與陳鋒氏女所生的兒子，元妃姜原的兒子后稷終沒有輪到。在〈周本紀〉中除了說后稷的母親是帝嚳的元妃外，還有一段神話：

> 姜原出野見巨人跡，心忻然說，欲踐之。踐之而身動如孕
> 者。居期而生子，以爲不祥，棄之隘巷，馬牛過者皆辟不

踐。徙置之林中，適會山林多人，遷之而棄渠中，冰上飛鳥
以其翼覆薦之。姜原以爲神，遂收養長之。

這段神話與〈殷本紀〉中記載帝嚳的次妃簡狄在野外洗浴時見玄
鳥墮其卵，吞而食之而生商的始祖契有異曲同工之妙。既然后稷和契
都是如此神奇地受孕而生，爲什麼非要把他們說成出於同一個父親不
可呢？這恐怕就跟周文化或者說周的意識型態有關係了。

據今日所見的資料，我們了解最多的是周，其次是商，對於夏及
夏以前的歷史，除了王國維所提的紙上的史料外，並沒有確實的地下
材料出現。至今發掘得到的石器也好，黑陶也好，彩陶也好，灰陶也
好，都沒法證明是夏或夏以前的任何朝代的遺物。顧頡剛把夏看成是
商的歷史投影，並非全無道理。夏桀與成湯同爲黃帝十八世孫，如此
之合轍，使人不得不懷疑夏的帝王世系與成湯以前殷商的世系都是神
話的製造。包括黃帝以及黃帝以前的伏羲與神農，自然更應該歸於神
話的領域，絕未進入史實。使我們感到興趣的是爲什麼既產生了商、
周二代始祖神奇受孕的神話，同時又爲他們找出一個共同的父親——
帝嚳？又爲什麼替夏和夏以前的帝王堯、舜等也找出一個共同的始祖
——黃帝？

三、遊牧與農耕

薩孟武在《中國社會政治史》中，認爲商是遊牧民族，周則是農
耕種族。他說：

按商在盤庚以前，五遷多在今日河南。此種不斷遷徙，可以

> 暗示商不但在夏代以前,即在夏代以後,亦無城廓常處,而
> 爲遊牧種族。

又說:

> 周有天下之後,國家的形態又進步了,即由原始國家進化爲
> 封建國家。周爲農耕種族,不但知土地之有價值,而耕耘土
> 地,又知人力之重要。(薩孟武 1969)

雖然董作賓先生認爲殷代已經以農業爲主要生產(董作賓 1952),但其他研究古代史的學者多半有類似薩孟武的看法。例如侯外廬在他的《中國古代社會史論》中也認爲畜牧是殷人的主要生產,而周人的主要生產則是農業,並舉大量的卜辭及《周禮》、《周頌》等文獻以資證明。(侯外廬 1955)兩個生產方式不同、活動地區不同、生活方式不同的種族,不管在遠古的時代是否同出一源,事實上都是兩族人。

根據摩爾根對美洲印地安人的研究,印地安人的酋長,在同一族之內,酋長的職位爲氏族世襲制,人選則由選舉決定。前任酋長的兒子有被選舉之權。(摩爾根 1971:262)這情形近似舜繼堯位的避丹朱,禹繼舜位時避商均的情形。這是否意味著堯、舜與禹同屬一族呢?但是今日的人類學告訴我們,原始的民族,只要一進入社會組織與文化的階段,幾乎沒有例外的均採行外婚制。中國古代的同姓不婚,也是常例,那麼堯與舜既然同出黃帝之後,堯怎可妻舜以二女?因此堯、舜雖然時常出現在先秦的典籍中,但是仍然籠罩在不可解的神秘氣氛中。

　　至於商與周，那就實在得多了。商湯伐夏桀和周武伐商紂，均是以武力取得領導權，則顯然並非同族，而是異族之間的征伐。但是武王伐紂確是史實，而商湯伐桀則太像武王伐紂的歷史再版，或鏡中之影，不能不令人疑惑叢生。

四、封建與宗法制度

　　周伐商成功以後所實行的列土封疆的「封建制度」是研究古代史的人所認為的一件大事，但是研究者常常忽略了討論何以商未曾創制「封建制度」，而獨獨到了周奪得領導權以後始建立「封建制度」？

　　「封建制度」的兩個基礎是農業生產和「宗法制度」，二者都是周的文化特徵，而為商所欠缺者，因此在殷商之時不可能產生「封建制度」。

　　有農耕的固定土地才能實行封建，這是極明顯的道理。周代宣揚其始祖后稷「好種樹麻菽麻菽美」及「好耕農，相地之宜，宜穀者稼穡焉」（《史記・周本紀》），正足以說明周之以農立國，與做過司徒而「敬敷五教」的殷始祖契的形象很為不同。而且在周的發展過程中，每到了一個重要關頭，都要重述以農立國的基本政策。例如說公劉「雖在戎狄之間，復修后稷之業，務耕種，行地宜」（同前）。到了古公亶父，又復修后稷、公劉之業。及到文王，更強調他「遵后稷、公劉之業，則古公公季之法」（同前）。這一切都說明了周以農立國的精神，與前代以卜田(田獵)為重的商是大異其趣的。

　　司馬遷言周公在輔成王時曾興禮樂，正制度，「宗法制度」自然也包括在內。但是我們應該知道，「宗法制度」是一種長久時間形成的習慣法，非一時一人所創者。周公正制度之意，謂嚴格奉行而已。

《禮‧大傳》言「有百世不遷之宗，有五世則遷之宗。」前者為大宗，後者為小宗，其間的差別至大。又言「別子為祖，繼別為宗，繼彌者為小宗。」這樣的名制可以看作是周代宗族的法規。嫡長子的繼承權和領導權是「宗法制度」的基礎。我們從商、周二代的帝系承傳可以明確地看出來，商代兄終弟及的情形屢見不鮮，似無大小宗之別。而周代只有周懿王死後由他叔叔辟方繼位，是為孝王。這是一次例外，因此孝王死後，王位立刻又恢復到懿王之子夷王燮身上。周代其他各王無不嚴格遵守嫡長繼位的傳統。因為嫡長子的繼承權和領導權的遵守，才會把其他的兄弟分封他處，而各成為小宗之祖。別子的支派仍以嫡長子繼承的方式形成類減的小宗。所以重要的大支派可以百世不遷，而不重要的小支派不過數世就消弭不見了。其他的功臣與前朝或他族的遺胤，也仿照「宗法制度」的方式分封各地，而形成影響我國兩千餘年的「封建制度」。所謂「封建制度」，後來的涵義並不單指分土封疆一事，而是泛指其所包含的意識型態和習慣法則。

周代的制度不但影響後世，也影響了史前的歷史。歷史是意識型態的產物，有什麼樣的意識型態，就會產生什麼樣的歷史。黃帝之所以成為史前各族的共祖，以及周之始祖后稷與商之始祖契之所以都成為帝嚳的兒子，實則是周的「宗法制度」的歷史投影。又譬如商帝系既常見兄終弟及之例，在湯以前的世系卻又是父子相承，也說明了周的意識型態在歷史不確定的時代所發揮的作用。

那麼，我們可以大膽地說：中國文化的基礎是周文化。如果認識了周文化，也就抓住了中國文化的核心了。

第五章
神話與神話原型

一、虞舜的神話

比起西方(例如希臘)和東方(例如印度文化),中國的文化裡比較缺乏神話,但並非沒有神話。中國有些神話,跟歷史混淆在一起,或者敘述的人有意採用一種敘述史實的方式來敘述,以致使我們誤認為是史實,而不是神話。

希臘的神話、印度的神話以及當代人類學家在原始部落中所採擷的神話,因其超現實、反科學的特徵,使人一看就知道是神話。中國有些神話也是如此,像《山海經》中的「夸父追日」、《淮南子》中的「嫦娥奔月」,但另有些神話,驟看來不像是神話,須要加以仔細分析,才知道的確也是神話。

近代的人類學家和心理學家都認為神話是研究人類的文化結構、意識型態、人格形成、心理狀態的寶貴的資料。佛洛依德(S. Freud)、榮格(Carl G. Jung)、李維史陀(Claude Lévi-Strauss)等對神話都曾有精深的研究,一般咸認為神話形成於初民的時候,是一種無意識的流露,反倒更清楚地顯示出人類文化的深層結構和心理的真象。

《史記》中有些篇章,所記錄的與其說是史實,不若說是神話。

當然，司馬遷只是記錄者，而不是創造者。像〈五帝本紀〉一章，作者所採用的資料，應該說就是早已形成的神話和到漢代依然流傳著的傳說。

現在我們從其中取出有關虞舜的一部分拿來加以分析，主要的是因為虞舜的故事與中國文化的深層結構有密切的關係。

我們知道，孔子以降的儒家是最喜歡談論堯、舜的人。特別是孟子，《孟子·滕文公》中說：「孟子道性善，言必稱堯、舜。」在《孟子·萬章》上篇中所講的幾乎都是有關舜的事。舜雖然是一個孝子，可是不見容於父親瞽瞍和後母。再加上他的同父異母弟象，都百般地想謀害舜。《孟子》中是這樣記載的：

> 萬章曰：父母使舜完廩，捐階，瞽瞍焚廩。使浚井，出，從而揜之。象曰：謨蓋都君咸我績。牛羊，父母；倉廩，父母。干戈，朕；琴，朕；弤，朕。二嫂使治朕棲。象往入舜宮，舜在床琴。象曰：鬱陶思君爾。忸怩。舜曰：惟茲臣庶，汝其于予治。不識舜不知象之將殺己與？曰：奚而不知也？象憂亦憂，象喜亦喜。

萬章的問題是，既然瞽瞍和象都一心一意地要謀害舜，舜竟然一點也不生氣，反倒把家臣託給象來管理，難道說舜不知道象要殺自己嗎？孟子的答覆是，舜並非不知，但仍然見其憂則憂，見其喜則喜，一本其友愛之情，不計其殘害之心。

這一段，在《史記·五帝本紀》中有大同小異但更完整的敘述：

> 舜父瞽叟盲而舜母死。瞽叟更娶妻而生象。象傲。瞽叟愛後

妻子，常欲殺舜。舜避逃，及有小過則受罪，順事父及後母
與弟，日以篤謹，匪有懈。舜，冀州之人也。舜耕歷山，漁
雷澤，陶河濱，作什器於壽丘，就時於負夏。舜父瞽叟頑，
母嚚，弟象傲，皆欲殺舜。舜順適不失子道，兄弟孝慈，欲
殺不可得，即求嘗在側。舜年二十，以孝聞。三十而帝堯問
可用者，四嶽咸薦虞舜曰可。於是堯乃以二女妻舜，以觀其
內；使九男與處，以觀其外。舜居嬀汭，內行彌謹，堯二女
不敢以貴驕事舜親戚，甚有婦道；堯九男皆益篤。舜耕歷
山，歷山之人皆讓畔；漁雷澤，雷澤上人皆讓居；陶河濱，
河濱器皆不苦窳。一年而有所居成聚，二年成邑，三年成
都。堯乃賜舜絺衣與琴，為築倉廩，予牛羊。瞽叟尚復欲殺
之，使舜上塗廩，瞽叟從下縱火焚廩，舜乃以兩笠自扞而下
去，得不死。後瞽叟又使舜穿井，舜穿井為匿空旁出。舜既
入深，瞽叟與象共下土實井，舜從匿空出去。瞽叟、象喜，
以舜為已死。象曰：本謀者象，象與其父母分。於是曰：舜
妻堯二女與琴，象取之，牛羊倉廩予父母。象乃止舜宮居，
鼓其琴。舜往見之，象愕不懌曰：我思舜，正鬱陶。舜曰：
然，爾其庶矣。舜復事瞽叟，愛弟彌謹，於是堯乃試舜五
典，百官皆治。

　　以上的記載，都在說明舜在父不慈的條件下，仍不失為一個孝
子；在弟不恭的情形下，仍維持友愛之心，因此他的孝行是超出常人
的。堯所以賞識舜，開始也是因為他的孝行。

二、虞舜的神話所透露的訊息

　　像這樣一種平實的記載，爲什麼說是神話呢？神話的表徵第一是反常或不眞實的；第二是其中的人物是超自然的或是超人的；第三是其表達的是形而上的意義，而非敘述的意義。虞舜的故事雖然不是超自然的情節和人物，但是它卻也是反常而不合情理的。其反常之處不獨表現在舜的累次陷入殺身之禍的陷阱而不知躲避，且不以合理的方式應對，而且也表現在其父瞽叟與其弟象累次謀殺一個不但不加反抗且始終以親情對待自己的親人。其次，舜雖然不是神話中所常見的超自然的人物，但以其操行而言卻是超人的。第三，舜的故事不只有敘述的意義，而且具有更重要的形而上的意涵。

　　奧國心理學家榮格指出神話是種族的集體無意識(collective unconscious)的呈現方式。(Jung 1979)在希臘神話中時常出現的神祇、咒語、弓箭、狩獵等不見或少見於中國的神話，蓋因周民族的農業生產和務實精神之故。舜的耕歷山、漁雷澤、陶河濱、作什器於壽丘，表現了一個以農業爲主，以漁、陶爲副業的社會。這樣的社會與其說是夏朝以前的遠古社會，不如說更接近周代的社會狀況。但更重要的是舜的故事所傳達的訊息，尚不在於敘述所指的舜因孝行而顯達，而在其潛存的對頑惡的瞽叟的容忍與接受。俗諺言：「虎惡不食子。」瞽叟爲人之父，竟一再地設計謀害自己的親生兒子，而且又是一個有孝心的好兒子，這樣的人實在是惡性重大的了。可是在故事中，這樣的惡人和惡行，不但沒有遭到應有的懲罰，反而得到「舜復事瞽叟愛弟彌謹」的好報。究其原因，瞽叟的未受懲罰，獲得原宥，只因爲他是父親，在周文化的「宗法」觀念中，父親是至高的權威，

是不能懲罰的。象的惡行也未受到懲罰，則因爲他是瞽叟的愛子，又因爲他代表了手足之情，也是在「宗法」的觀念中可以不計較的。

虞舜的神話，其敘述的意義在說明虞舜時代選賢與能的禪讓制度，但其無意識中流洩的訊息卻在於對父親和家長地位的維護與尊重，這正是宗法制度之所以建立的集體的心理根源。我們可以說，宗法制度所以成於周，正因爲男性家長(父親)的權威，在周文化中早已形成。

如果我們拿虞舜的神話和希臘的俄狄普斯(Oedipus)的神話相比較，就可以發現二者傳達了適得其反的訊息。

俄狄普斯弒父娶母的故事本是希臘的一則神話，後爲希臘的悲劇詩人索弗克里斯(Sophocles, 496-406 B.C.)敷衍作悲劇。亞里士多德在《詩學》中一再舉證《俄狄普斯》一劇爲典型的悲劇作品。(姚一葦1986)到了十九世紀末，佛洛依德逐把此故事演繹爲心理學上著名的「俄狄普斯情意結」(Oedipus complex或稱戀母情意結)。

俄狄普斯本爲底比斯國王雷爾斯與王后約卡絲達之子。生後占得此子將來有弒父娶母之神諭，遂爲父母置荒林中。牧人不忍，攜至鄰國柯林斯，爲無子之柯林斯國王波里帕斯收作養子。長大後又占得弒父娶母之神諭，俄狄普斯懼而逃離柯林斯。途中因爭路誤殺底比斯國王雷爾斯。至底比斯國時，正值該國遭獅身人面獸之害，該國失偶王后令諭，凡能除去獅身人面獸之害者，即下嫁之，並使其主持國政。俄狄普斯因猜中了獅身人面獸的謎語，消除了禍害，遂娶王后約卡絲達，並成爲底比斯之國王。多年後，底比斯國遭瘟疫之災，神諭要緝捕懲罰謀殺雷爾斯先王之兇手始可災除。俄狄普斯王著手偵查雷爾斯先王之死因，所有的證據均說明殺死雷爾斯先王者不是別人，而正是俄狄普斯王自己。同時也意外地發現俄狄普斯竟是雷爾斯與約卡斯達

早年棄置的嬰兒。神諭終於實現，約卡斯達因而自盡。俄狄普斯爲了懲罰自己，遂自剜雙目，以瞽者流浪他鄉乞討以終。

佛洛依德認爲俄狄普斯的神話代表了先民眞正弒父後的愧悔心理，然而所流露出來的潛在意識，卻是對母親的愛戀，因此才發展出心理學上的戀母情意結。

俄狄普斯的神話在希臘文化中自然有其重要性，而希臘文化又深刻地影響和主導了後來的西方文明，所以說俄狄普斯的神話在西方文化中扮演了一個舉足輕重的角色，應該是顯然易見的事。

西方後來產生了否定父權和君權的民主政治，實際上在集體潛存的意識中早已存有了俄狄普斯情意結的影子，才容易步向民主政治的道路。

虞舜的神話所洩露的父權不可動搖的訊息。縱然是像瞽叟這樣惡劣的人，只因他是父親，就只能受到尊重，不可懲處。儒家所倡言的孝道，其實都是周文化同一意識觀念所形成的結果。俄狄普斯的神話，在以周文化爲基礎的中國文化中是不可想像的事。神話、傳說，只有在人同此心的情形下，才可以傳播。

我們不能證明黃帝、堯、舜等實有其人，他們應該都是神話和傳說中的人物。虞舜的故事，更顯出虞舜超人的面貌。虞舜對惡性重大的瞽叟和象的一往情深代表了另一種征服邪惡的態度。與西方神話中與惡龍搏鬥的英雄相比，西方征服邪惡的手段是以暴易暴，而中國所採用的手段卻是忠恕之道的寬容。何者是更有效的手段，此處不論，本文所要指明的是不同的文化會孕育出不同的人生態度。

對廣義的邪惡是寬恕，對父權則是絕對的尊重，正是虞舜的神話所透露的訊息，也是歷代儒者對虞舜津津樂道的原因。

三、姜太公的神話

在虞舜的神話之外，另一個對中國文化的基層架構具有關鍵意義的是姜太公的神話。

正像虞舜的神話一樣，姜太公的神話也並不具有超人的神奇包裝，不能一眼就看出它的神話的特質，需要加以分析，而後它的神話的性質才能顯現出來。

我們據以分析的資料不是《封神榜》中的姜太公，而是《史記》中的姜尚。《封神榜》中出現的人物當然具有神奇超人的狀貌，但並不是神話，而是後人杜撰的神怪小說，並不能說它不具有社會學的意義，卻不能提供我們對早期中國文化基層架構的了解。

姜太公的身世，主要見於《史記·齊太公世家》，文曰：

> 太公望呂尚者，東海上人。其先祖嘗爲四嶽，佐禹平水土甚有功。虞、夏之際，封於呂，或封於申，姓姜氏。夏、商之時，申呂或封枝庶子孫，或爲庶人，尚其後苗裔也。本姓姜氏，從其封姓，故曰呂尚。
> 呂尚蓋嘗窮困，年老矣，以魚釣干周西伯。西伯將出獵，卜之曰：所獲非龍，非彲，非虎，非羆，所獲霸王之輔。於是周西伯獵，果遇太公於渭之陽。與語，大說，曰：自吾先君太公曰當有聖人適周，周以興，子眞是邪，吾太公望子久矣，故號之曰太公望。載與俱歸，立爲師。
> 或曰：太公博聞，嘗事紂。紂無道，去之，遊說諸侯，無所遇而卒西歸周西伯。

或曰：呂尚，處士，隱海濱。周西伯拘羑里，散宜生、閎天素知而招呂尚。呂尚亦曰：吾聞西伯賢，又善養老，盍往焉。三人者為西伯求美女、奇物，獻之於紂，以贖西伯，西伯得以出反國。

言呂尚所以事周雖異，然要之為文武師。周西伯昌之脫羑里，歸與呂尚陰謀修德以傾商政，其事多兵權與奇計，故後世之言兵及周之陰權，皆宗太公為本謀。周西伯政平及斷虞芮之訟，而詩人稱西伯受命曰文王，伐崇、密須、犬夷，大作豐邑，天下三分之二歸周者，太公之謀計居多。

文王崩，武王即位，九年欲修文王業，東伐，以觀諸侯集否。師行，師尚父左杖黃鉞，右把白旄，以誓曰：蒼兕蒼兕，總爾眾庶，與爾舟楫，後至者斬。遂至盟津，諸侯不期而會者八百諸侯。諸侯皆曰：紂可伐也。武王曰：未可。還師，與太公作此太誓。

居二年，紂殺王子比干，囚箕子。武王將伐紂，卜龜兆不吉，風雨暴至，群公盡懼，唯太公彊之勸武王。武王於是遂行。

十一年正月甲子，誓於牧野，伐商紂。紂師敗績，紂反走，登鹿臺，遂追斬紂。

明日，武王立於社，群公奉明水，衛康叔封布采席，師尚父牽牲，史佚策祝，以告神討紂之罪。散鹿臺之錢，發鉅橋之粟，以振貧民。封比干墓，釋箕子囚，遷九鼎，修周政，與天下更始，師尚父謀居多。於是武王已平商而王天下，封師尚父於齊營邱。

東就國，道宿行遲。逆旅之人曰：吾聞時難得而易失，客寢

甚安，殆非就國者也。太公聞之，夜衣而行，黎明至國。萊
侯來伐，與之爭營邱。營邱邊萊，萊人夷也。會紂之亂，而
周初定，未能集遠方，是以與太公爭國。

太公至國，修政，因其俗，簡其禮，通商工之業，便魚鹽之
利，而人民多歸齊。齊為大國。及周成王少時，管蔡作亂，
淮夷畔周，乃使召康公，命太公曰：東至海，西至河，南至
穆陵，北至無棣，五侯九伯實得征之。齊由此得征伐，為大
國，都營邱。蓋太公之卒，百有餘年。

四、姜太公的老人形象

以上有兩點值得注意之處：一是姜太公的出身神秘，二是太公一
出現，即是老人。其出身之所以神秘，一者因為流傳到漢，事遠時
隔，已很難確信，故太史公引用了兩次「或曰」，以表明在當時對姜
太公的出身，其說非一。二者是在傳說中已經把姜太公的出現加以神
化。周西伯出去打獵的時候，占了一卦，卦文竟說是獵到的不是珍貴
的猛獸，而是霸王的輔佐。結果周西伯出獵時果然遇到了姜太公，交
談之下，馬上就看上了姜太公，認為實現了占卜的預言，也引出了周
的先君太公也曾預言將有聖人到周國來，周會因此而興旺的一番話。
大人物的出現，都有先兆。施洗者約翰預言耶穌的來臨，周的先君及
占卜都預言了姜太公的來臨。這種神秘的色彩，已經把姜太公塗繪成
一個特異的人了。

姜太公之以老人的姿態出現，在《史記》的記載中是很清楚的。
第一，一開始就說到他窮困而年老；第二，文王稱之為「聖人」，又
在載歸之後立為師，可見姜太公是比文王更為年長的。也正因為他的

年紀，才顯現了他的超人的形象。

我們知道，在〈齊太公世家〉中，既言姜太公比文王年長，文王去世時，姜太公卻仍然活著。〈周本紀〉的「集解」引徐廣之言，說文王九十七乃崩。姜太公既為文王師，肯定比文王年長不少，那麼在文王崩逝時，姜太公應該超過百歲了。以保守的估計，如果姜太公長文王十歲的話，文王崩逝時姜太公約一百零七歲。又過了九年，武王大會諸侯於盟津，姜太公約一百一十六歲。又過了兩年，武王才正式伐紂，這時候姜太公約一百一十八歲。我們來看武王伐紂時的戰陣情形，在周的軍隊到商郊牧野之後，武王開始誓師。誓畢以後的情形如下：

> 誓已，諸侯兵會者車四千乘，陳師牧野。帝紂聞武王來，亦發兵七十萬人，距武王。武王使師尚與百夫致師，以大卒馳帝紂師。

在對商的戰陣中，姜太公擔任了一個重要的角色，就是受命武王，與百夫致師。「致師」是什麼意思呢？裴駰「集解」引鄭玄的話說：「致師者，致其必勝之志也。古者將戰，先使勇力之士犯敵焉。」所以我們知道，「致師」是在大軍開動前，先使有力氣的勇士，向敵方的陣地衝鋒。如果是二三十歲的大力士，那就沒有話說，現在武王偏偏派出將近一百二十歲的師尚父率領一百個勇士來打衝鋒，而且居然獲勝，那就未免太神話了。

這其中必定有問題：要不，姜太公沒有那麼老；要不，姜太公沒有擔任致師的角色。然而，司馬遷確是把姜太公白紙黑字地寫得很老，又白紙黑字地寫出「武王使師尚父與百夫致師」，難道太史公竟

沒有發現其間的矛盾嗎？

　　我們今日來分析，可以找出其中的兩層涵義：第一是司馬遷在寫姜太公的故事時，並沒有當作史實來寫，而是當作神話傳說來寫，所以其中保存了神奇的色彩。第二是司馬遷沒有理會到年齡和體力之間的真正關係，就像中國的傳統神話或武俠說部中肯定年紀越大的武功本領也越高。這後一種現象，並不是一種例外，而是中國人一向的一種認知，即是年長的人具有較高的智慧和本領。

　　在中國的文化中，人們遇到年長的人，馬上會產生一種肅然起敬的直覺反應，直到受了西方文化影響之後的現代，中國人才敢於反詰老年人的腦力和體力的功能。所以一百多歲的姜太公，既可出謀劃策，又可率百夫致師，在中國的文化中原是自然的事；甚至從來沒有人懷疑或質問過這樣的問題。因此，姜太公的神話，所代表的是中國文化的神話，也就是中國文化所透露出來的違反理性和科學的潛意識中的面相。

　　為什麼在周文化的源頭就出現姜太公這種神奇老人的形象？我們只能說：周代的「宗法制度」使年長的男性成為自然的掌權者。父親死了，年紀最大的是長子，合法地繼承家長的地位。所以在同一個家庭之中，掌權的永遠是年紀最大的男性。就整個社會而言，所形成的就是以老人地位為尊，以老人觀點為尚，以老人視野為準繩的「老人文化」。

　　姜太公之做為周朝的開國師，實在深具意義。如果說虞舜的神話反映了父親的權威，姜太公的神話則代表了老人的權威。後來姜太公不獨在士人中有他的地位，更成為深入民間下層社會的一個神祇。

　　在周文化中，老人扮演了決定的角色，譬如漢高祖不喜歡呂后所生的嫡長子孝惠，而亟欲廢太子改立愛妃戚姬子如意。後因留侯張良

劃策，使太子卑辭厚禮請來了八十歲以上的四皓，才使漢高祖不得不
改變初衷，歎說：「我欲易之，彼四人輔之，羽翼已成，難動矣！」
四皓者，所憑的不是在朝中的地位，也不是實力，而是因年齡而來的
聲望。

五、原型及其變體

姜太公以老人出世，形成了周文化中的一種原型(archetype)。
原型的觀念，在西方始自柏拉圖(Plato)的「理想形式」(ideal
form)，例如眞、善、美等。但到了近代的心理學家榮格才眞正把
「原型」的概念應用在人類學和心理學中。在夢境的分析中，榮格發
現有許多圖象與夢者的個人經歷無關，而係關涉到集體的心理，表現
了族群的基本心理結構。同樣的圖象也表現在神話中，這就是所謂的
「原型」(Jung 1953)。原型是集體無意識的產物，是由先祖繼承而
來，而非一人一時所造。人類生存的基本事件，諸如生、死、成長、
愛情、親子的問題(在中國有虞舜的神話，在西方有俄狄普斯的神話)
等都是原型的。就西方的文化而論，有些人物具有特定的普遍性，像
俄狄普斯、耶穌、浮士德、唐璜等都可說是原型的人物。依此而論，
虞舜、姜太公也可稱之爲原型的人物。

姜太公之做爲原型的人物，顯示了老人在周文化中所佔有的超絕
地位。姜太公的事蹟是否爲史實並不重要，重要的是周的文、武二
王，在成功建國中，必定有一個老人擔任他們的顧問和指導。這個老
人且必定智力、體能均超絕常人，而且受到國君的崇敬。老人的權力
在周文化中受到家族組織和政經結構的保障，老人的形象在所有成功
的事蹟中佔有決定性的作用，則是周文化所企求達到的理想。這樣的

理想就以原型的人物呈現出來。既然是原型，就有他的普及性和再現性。以後在中國的文化中，老人做爲成功事件的主謀者或策劃者，遂成常例。

在漢代最典型的姜太公原型的例證就是在《史記‧留侯世家》中記載的黃石公的故事。

良嘗學禮淮陽，東見倉海君，得力士，爲鐵椎重百二十斤。秦皇帝東遊，良與客狙擊秦皇帝博浪沙中，誤中副車。秦皇帝大怒，大索天下，求賊甚急，爲張良故也。良乃更名姓，亡匿下邳。

良嘗閒，從容步遊下邳圯上。有一老父衣褐至良所，直墮其履圯下，顧謂良曰：孺子下取履。良愕然，欲毆之，爲其老，彊忍下取履。父曰：履我。良業爲取履，因長跪履之。父以足受，笑而去。良殊大驚，隨目之。父去里所復還，曰：孺子可教矣！後五日平明與我會此。良因怪之，跪曰：諾！

五日平明，良往。父已先在，怒曰：與老人期，後何也？去曰：後五日早會！

五日雞鳴，良往。父又先在，復怒曰：後何也？去曰：後五日，復早來！

五日，良夜未半往。有頃，父亦來，喜曰：當如是！出一編書曰：讀此，則爲王者師矣！後十年興，十三年，子見我濟北穀城山下，黃石即我矣！遂去，無他言，不復見。

旦日視其書，乃太公兵法也。

　　這個故事，就是純粹的神話了，因為老父不是人，而是一塊黃石頭。其為神話，自然不是司馬遷杜撰的，而且當時已有的傳說。嚴格地說：它是漢初的傳說，不是初民的神話，只能說是神話的變體。很顯然是由姜太公的原型轉化而來。黃石公傳給張良的書，正是姜太公的兵法。在故事的敘述中，一再強調他老人的形象，如「有一老父」、「為其老，彊忍下取履」、「與老人期，後何也？」等，表現了與姜太公的神話同樣的集體無意識的密碼。

　　張良以後的成就固然跟黃石公有關，漢的建國，也可以說間接地受了黃石公(姜太公原型的變體)之賜。在中國的文化中，成功者的背後常出現一個老人(當然事實上可能並非如此)；不是老人者，也可能以老人的面貌出現，如舞台上的諸葛亮不論真正的年紀均扮老人裝。即使在近代的武俠說部中，仍然時時出現姜太公原型的變體。

　　姜太公的原型，是中國「老人文化」最鮮明的表記。

第六章

商周的遞嬗與宗法制度

一、周因於殷禮，所損益可知也

今日我們對商、周兩代的具體社會狀況所知尚很有限，可以肯定的是商、周兩代都有農業生產，但在周代農業生產是主要的，在商代畜牧、田獵似乎佔了更重要的地位。商代祭祀，用牲動輒數百（郭沫若 1932），又不停地遷都，可見農業的基礎不厚。郭沫若在他主編的《中國史稿》中說：

> 商部落的畜牧業很早就比較發達，所以從契到湯十四世中八次遷徙，頻繁不斷地更換放牧家畜的活動地區。契居於蕃（今山東滕縣），其子昭明遷於砥石（今河北泜水流域）；昭明子相土又遷居到商丘（今河南商丘南）。（郭沫若 1976:150）

湯建立商朝以後，仍然屢屢遷都，例如仲丁由亳遷囂（即隞，今河南滎陽東北）、河亶甲由囂遷相（今河南內黃東南）、祖乙遷到邢（即耿，今河南溫縣東），南庚又遷至奄（今山東曲阜），盤庚再遷至殷（今河南安陽西北），才算安定下來。（郭沫若 1976:162）但到了武乙又渡河而北，再度遷徙。這樣頻繁的遷徙，肯定不易使農業札根。從盤庚

至武乙，因爲固定在一個處所較久，農業才會得到發展的機會。

從《詩經‧周頌》中所記多爲農事看來，周在翦商以前就早已有農業的基礎。郭沫若在〈由周代農事詩論到周代社會〉一文即持這種看法。(郭沫若 1976:162)《史記‧周本紀》中也強調了周的先祖以農業爲本的精神，所以周滅商後實行「封建制度」，似乎應視爲一種農地劃分與重整。自周以後，黃河流域成爲廣大的農業區，是可以肯定的。

然而據研究古史學者的意見，多認爲周在克商以前，文化發展較之於商是遠爲落後的，因此在克商以後，多繼承保留了殷商的典章制度。《尚書‧多士》中云：「惟殷先人有冊有典。」孔子也曾說：「周因於殷禮，所損益可知也。」(《論語‧爲政》)那麼，我們知道周曾繼承了商文化，但並非全部繼承，而是有所損益的。我們只談他增益的部分是什麼，據可見的資料來考量，那增益的部分很可能就是影響了我國兩千多年的「宗法制度」。

郭沫若在《中國史稿》中認爲「宗法制度」是從氏族社會的血緣關係脫胎而來，而商朝的末年已經逐漸形成。但這樣的看法相當勉強，而且欠缺足夠的證據。王國維在〈殷周制度論〉中就說：「商人無嫡庶之制，故不能有宗法。藉曰有之，不過合一族之人，奉其族之貴且賢者而宗之。其所宗之人，固非一定而不可易，如周之大宗小宗。」(王國維 1917)王國維可能也只說對了一半。從商王的世系上看來，商王的繼承也有一定的章法，並非只以貴且賢者做爲標準。商王繼承的規則是「兄終弟及」，哥哥死了，弟弟繼承，弟弟死了，如果還有弟弟，仍然由更年輕的弟弟繼承。最後繼承的弟弟死了，並非是由弟弟的兒子繼承，而是由長兄的兒子繼承，除非是長兄沒有兒子，才由弟弟的兒子繼承。這樣的制度與周長子繼承的「宗法制度」

自然相去甚遠，因為無法確立大宗與小宗之別。

　　周所實行的「宗法制度」是「別子為祖，繼別為宗，繼禰者為小宗，有百世不遷之宗，有五世則遷之宗。」（《禮記‧大傳》）這樣的制度確立了父子承傳的關係，父子關係已經凌駕於兄弟的關係之上了。

二、宗法制度

　　「宗法制度」既是家族的制度，也是政治的制度。周天子和諸侯及朝臣的關係也就是大宗與小宗之間的關係。如果說周天子以嫡長子為大宗，他所有分封出去的兄弟，對周天子而言都是小宗。各諸侯在其封國內的君位也是傳給嫡長子的，所以就其封國而言又是大宗，諸侯分封為卿大夫的兄弟則為小宗。卿大夫於其本宗而論，又是大宗，卿大夫的兄弟則是小宗。以此層層節制，周天子則永遠保持了絕對大宗的地位，其他的諸侯與卿大夫則是相對的大宗而已。貴賤亦由此而分。兩千年來，嫡長子在中國的社會中，永遠保持了尊貴的地位。

　　這種父子相傳，基業穩定的制度，應該是從具有固定地區的農業生產中發展而來的。最大的理由是，農業生產的土地不容像遊牧的牲畜般可以任意分割，所以不得不犧牲次子的權益，以便使有限的農地集中在一個人手裡，否則父親的產業，數代而後便消於無形了。商代的「兄終弟及」說明了兄弟的權益相等，正因為牧養的牲畜可以在兄弟間均分，然後仍然可以孳長成群。農業的土地則會愈分愈少，沒有孳長的可能，所以「宗法制度」可以保障產業的集中不散。這是經濟影響政治，或是說下層建構決定上層意識型態的一般規律。

　　周的農業基礎既然發展得相當早，「宗法制度」則絕不會如王國

維所說的「此制實周公定之」，而是在農業生產的家族產業繼承的基礎上早就形成了。因此古公因為幼子生了個聰慧的兒子昌，想把家業傳給幼子季歷，長子太伯和次子虞仲都不得不文身斷髮亡如荊蠻。（《史記‧周本紀》）如果沒有傳嫡長子的嚴格制度，太伯和虞仲又何須因此而文身斷髮像野蠻人一樣地逃走呢？故可知那時候周必定早已有「宗法」的傳統習俗。按照習慣法，古公應把家業傳給長子太伯，如太伯歿，應傳給太伯的兒子所謂嫡長孫者。如果太伯尚沒有生兒子，則應傳給虞仲，依次的順位是虞仲的兒子，無論如何都輪不到季歷。古公如要立意把家業傳給季歷以便使季歷的兒子昌將來可以繼承，唯一的辦法就是除去太伯和虞仲，所以太伯和虞仲勢必要逃亡也。也許那時候他們還沒有生兒子，否則應該攜兒子一起逃亡才行。按照常情推斷，少子季歷已經娶了太任，而且生了個有聖瑞的兒子昌，長子和次子年齡較長，不該也有子女嗎？只是史書上對此沒有記載，也無資料可查，只能存而不論了。重要的是太伯、虞仲的亡命荊蠻事件，不管是出於衷心讓賢，還是由於不得已的政變，都足以說明在有長兄的情況下，幼子是沒有繼承權的。

我們回到商朝末年從武乙至帝辛(紂王)的四代都是父傳子，而不再兄終弟及的問題。可有兩種解釋：一者是這幾代商王無兄弟，故傳子；二者也有可能因為農業逐漸在生產上佔優勢之後，商也並非不可能受到周的「宗法制度」的影響，採取嫡長子承傳的策略。周固然是弱勢文化，但在文化的擴散上，文化的交流並非全是單向的，強勢文化影響弱勢者多，弱勢文化亦可能有影響強勢文化之處。譬如在現代中國文化多方面都受到西方強勢文化的影響，但中國的菜肴也輪到西方，「叩頭」、「炒麵」等字彙也進入到英文日用字彙之中就是例證。故只因為商的末代四王是父子相傳就得出「宗法制度」原為商的

舊制，是證據不足而又違反邏輯的。最明顯的反證有二：一是武乙以前所有的商王承傳均爲「兄終弟及」，沒有例外，如非有外來的影響，不可能驟變；二是遊牧的生產方式不是形成嫡長子承傳的經濟背景。

所留下的另一個問題是，據《史記·殷本紀》載，帝乙有一個長子微子啓，只因母賤而不得嗣。帝辛是少子，因母親是正后，得以繼承王位。這如果不是漢代的司馬遷用腦中的「宗法制度」爲依據，曲予解說，則正足以說明雖立少子，長子也不必像太伯、虞仲一般「逃如荊蠻」，在商的長子繼承非如周之一般嚴格也。

我們雖然沒有足夠的證據足以證明「宗法制度」起源於何時，但可以推知商、周因生產方式的不同，在社會組織上也必有差異，周似乎更具有以血緣關係爲基礎長幼有序的等級組織。郭沫若認爲「宗法制度和等級制度是互爲表裡的。」（郭沫若 1976:263）侯外廬在《中國古代社會史論》中主張商、周都有氏族同盟的社會組織，卻也承認在商時共主與其他部族間並無君臣之分。（侯外廬 1955:158-159）但到了周，因大宗、小宗之別，雖爲親族，也有了君臣之分。這可見商與周在部族關係上也是不同的。無君臣之分，是因爲沒有清楚的長幼尊卑之分的結果。周在早期必已經有相當清楚的長幼尊卑之分，這也正印證了周的社會組織基本上保持了家族部落的原型。在一個較大的家族中，必要經過數代的凝聚不散，始可具有相當的規模。數代同居，其自然領袖就是輩分最高的老人。必爲老人者，因當其年少時，不可能有受其率領的數代子孫。此外，周正像大多數部族一樣，實行的是「同姓不婚」的外婚制，所以外來的女性不但沒有領導權，甚至也沒有參政權，因此最老的男性是一族共同的領袖，也是當然的決策者。在這樣的一種體制之下，父權是至高的權威，所以冥頑如瞽叟者，只

因他是父親，就不得不受到尊重和體諒。在這樣的一種體制下，老人的形象代表了智慧和權能，一百餘歲的姜太公依然可以出謀劃策，在戰爭中打衝鋒。

這也說明了產生虞舜的神話和姜太公的神話的歷史和社會背景，更可確定的是以上兩種神話都是在周文化的影響下產生的。

第七章

家族主義的形成與持續

一、何謂「家族主義」？

周的「宗法制度」是中國家庭制度的基礎，這恐怕是無法否認的歷史事實。宗法制度具有本身強韌的邏輯性和實用性，否則便不會成為長時間家族組織的主導原則。社會產生此原則，原則反過來維繫並限制社會的發展，可以說意識型態和社會的下層建構相輔相成，互為表裡。

近代的社會學家和人類學家，一般都公認「家族主義」（familism）是中國文化和社會中最突出的現象。這並不是說，其他的種族和社會中沒有「家族主義」，而是在其他種族和社會中可能有與家族並重的社會組織，如教會、部落組織以及近代的政黨等，使家族主義沒有在中國文化和社會中表現得那麼突出。中國則不然，依附於家族主義的「拜祖」遠重於任何宗教儀式。政治組織完全是家族式的，不但政權在古代是一家之中的兄弟或父子承襲，而且君臣關係也是父子關係的投影。近代受了西方影響之後的政黨，在中國仍然落入「家族主義」的窠臼，民國以來的主要政黨，其受家族影響的事實昭然若揭，兩千多年的中國文化，其各方面容或有所變革，但最為屹立不搖的則是家族觀念和家族組織。甚至在移民他國的僑社中，以姓氏

為主的宗親會仍是最為活躍的社團。

　　專門研究中國家庭和家族的社會科學家已經為數不少，像早期的費孝通、許烺光、楊懋春、Olga Lang、C.K. Yang、Maurice Freedman、Marion Levy以及較為晚進的Arthur and Margery Wolf、Myron L. Cohen、Hui-chen Wang Liu、John McCoy等，但是中國的家族，仍像一個廣袤的原始森林，等待學者進一步的開發。

　　現代的社會學至少提供了六種不同的對家庭進行科學研究的門徑：一是歷史的門徑，即根據史學的資料，對古代的家庭生活和家族組織進行鑽研。在這方面，除了法國的漢學家謝和耐（Jacques Gernet）對宋朝的家庭生活曾做探究外，幾乎尚是一片空白。二是家庭與社會的門徑。是家庭制度決定社會？還是社會決定家庭制度？是大家長的家庭造成了獨裁的政治？還是獨裁的政體形成了大家長的家庭制度？馬克思主義者認為家庭組織為經濟關係所決定。譬如婦女在家庭中成為被剝削的寄生者，即是由於生產關係的影響。在這方面，對中國家庭的研究，當然尚在起步的階段。第三是家庭功用的門徑。一般咸認為家庭具有傳宗接代、經濟、宗教、保護、休閒、教育等功用。但是在不同的社會和不同的文化傳統中，家庭可能肩負著不同的功用。對這些問題，以上所提的現代研究中國家庭的社會科學家均有所涉及，但尚不足以完全明瞭中國家庭的所有功用。第四是心理分析學的門徑。家庭是個人情緒發展的最原始的舞台，舉凡愛與恨的情感糾結，不管有意識的還是無意識的，都與家庭有密不可分的關係。希臘悲劇中所呈現的愛恨交加的複雜情緒，都是來自家庭。對這一方面的中國家庭之研究，還是一片空白。第五是人格和文化的門徑。幼兒的習慣和人格是在家庭中形成的。自然其中心定有個人的因素在內，但是更重要的則是集體文化的因素。譬如中國的男性大家長制度，不

是一個個人的因素，而是文化的因素。在大家長權威籠罩下所形成的
人格，與自由平等的家庭中所形成的人格肯定不同，而前者的人格又
會促成既有文化模式的持續。許烺光的《在祖先的陰影下：中國文化
和人格》（*Under the Ancestors' Shadow: Chinese Culture and Personali-
ty*, 1948）一書可以說是此一門徑的開路先鋒。最後是角色認知的門
徑。一個人在家庭中所扮演的角色與社會中所扮演的角色不同，但一
個人一生所扮演的角色則絕對受家庭角色的制約。譬如說一個失怙的
男孩，長大後可能覺得不知如何扮演一個父親的角色。這其間個人的
因素相當重要，但是也必有文化的因素在。在這一方面也尚欠缺資料
可資徵引。（Kirkpatrick 1963）

二、家族主義的特徵

正由於中國的家族觀念和家族組織相當穩定，根據現代的資料研
究中國家族，並藉以了解古代中國的文化和社會，仍是可行的。

宗法制度中所遵循的嫡長子繼承制和一夫多妻的制度，可以說一
直到現代，並沒有多大改變（今日受了西方法律影響的民法當然不
同，但女兒放棄繼承權以及納妾的行為仍為社會所容）。家族的有形
組織，如家廟、共有族產、族譜的撰續、祭祖等風俗，一直到大陸上
共產黨當政以後才明令禁止，在台灣及海外則仍然流行。

中國的家族所表現出來的幾個特點，與中國文化可說息息相關：

第一個特點就是男尊女卑。郭沫若主編的《中國史稿》中，認為
在仰韶文化時期尚是母系氏族，到了龍山文化已經成為父系氏族。
（郭沫若 1976）中國古代是否有一個母系氏族時期，如果有，在何
時，雖然都尚需要商榷，但在父系氏族的時代，男性掌握了權勢，把

女性降為附屬的地位，卻是不容反駁的事實。周以降的家族都是以男性為主體，而女性成長後必須脫離自己出身的家族，嫁入另一個陌生的家族。在這種情形下，未嫁的女性被本族視為將來必嫁的外人，而已嫁的女性對夫家而言則是外來者，其難以掌握家族的實權，出於勢所必然。在行為上，女性的家庭地位，全看是否獲得公婆及丈夫的歡心，因此女性不得不屈身以侍。在古代甚至有妻妾陪葬的事例。（郭沫若 1976:88）

第二個特點是長幼有別。區別長幼的標準是以輩分和年齡為準。在祭祖時，昭穆的區分是很嚴格的，同樣在一族中輩分長的雖然年輕仍然受到輩分低而年長者的尊敬。原則上當然輩分與年紀成正比，所以年齡仍是一個重要的因素。一族中的族長是輩分最高、年齡最大的男性。大宗，在社會中永遠處於掌權和主導的地位。

第三個特點是同姓不婚。使男性為主體的家族永遠與其他家族維持一種血緣的關係，而不致自給自足自我封閉。古代並非出於優生學的考慮，而只是形成社會結構的一種原始的必備條件，因而成為一種共守的習俗。這種習俗當然使女性永遠成為外來人。

第四個特點是家族不但是社會組織單位，也是經濟生產的單位和政治的單位。父業子繼是古代的習俗。不管農業還是非農業的生產，都以家族的方式經營，直到今日仍然如此。在政治上，所謂一人得道，雞犬皆升，或一人犯法，株連九族，就是把家族看作是政治單位的事實。在古代王朝的逐鹿以及權位的競爭中，也是家族對家族，而非完全是個人之事。在民國以前，民間的紛爭，除非重大的刑事案，全由家族自行解決，所以家廟中備有刑具，而族長對族人有體罰之權。

第五個特點是父權至上，及父子關係為家族之軸心。父權投影在

君權上，已經含有十足的政治意義，而父親的領導權在家族中是不容挑戰的。父子關係爲五倫之首，有父子就可形成家族，其他的關係都是次要的，因此在中國社會中，父子關係是特別緊張的一環。

　　第六個特點是男性繼承權。除了嫡長子以外，其他的兒子雖然不能繼承父親的頭銜和地位，但是也可以分到財富家產，唯獨女兒沒有對家產的繼承權。原因是家產與姓氏有關，女性不能傳遞父親的姓氏。如果偶然以招贅來綿延姓氏，被招贅的男性視爲一件不名譽的事，同時也將會在男性的子息中設法保留原姓。

　　以上這些特點，可以說都是父權家庭（patriarchal family）的特徵，難怪現代的社會學家常把中國的家庭制度看作是典型的「父權家庭」。

三、父權家庭與核心家庭

　　但是家庭之爲父權是一回事，家族主義則是另外一回事。中國之被視爲家族主義的國家，並不完全是因爲父權家庭的關係，因爲其他有些父權家庭的社會並沒有顯著的家族主義。中國社會之所以被視作以家族主義爲中心，完全是由於家族主義已形成人的意識觀念之主體。

　　如果以西方現代的夫婦子女爲組成分子的「核心家庭」（nuclear family）爲對比，就可以看出在兩種家庭中成長的子女對待家庭和親族關係的區別。出身於中國家庭的兒子，永遠把家庭看作是效忠的對象，對父母及兄弟負有一種責任感，會與親族（特別是父系的）保持相當的聯繫，並且會把一己的努力和成就看作是光耀門楣的手段。在西方核心家庭成長的子女，成年後即脫離父母的家庭而獨立。成年子女

效忠的對象可以是宗教、政黨、國家或職業，但不會是自己出身的家庭。對父母及兄弟姊妹不會感覺負有任何責任。一己的努力與成就完全是滿足自己，不會有光宗耀祖的觀念。一般來說，在西方社會中，朋友更為重要，父母雙方的近親，可以來往，也可以不來往；至於父系的同族，根本沒有聯繫的可能。

四、儒家思想與家族主義

所以造成這種兩極分化的原因，固然一方面因為中國的父權家庭要求兒子永遠留在家庭之中，不但繼承父業，而且過去基本上不能獨立分居，但是另外一方面則是來自文化的灌輸，特別是兒時的教育。

儒家是特別維護家族的穩固，強調孝悌的學派。《論語》的首章〈學而〉即開宗明義地說：「有子曰：其為人也孝弟，而好犯上者鮮矣。不好犯上，而好作亂者未之有也。君子務本，本立而道生；孝弟也者，其為仁之本與！」孔、孟在講仁義的時候，都以孝悌為根本。

就中國的文化承傳而言，儒家以忠、孝、仁、義為主旨的學說是切合周的社會制度，歸納周文化的精神而來的，其後來成為中國的顯學，主導了兩千多年中國人的起居言行，可說並非出於偶然。儒家的學說在尚為周文化薰染籠罩的秦、漢之際，不但彰顯了已經穩固的家庭制度，而且也符合了家族倫理所投影的政治的要求。除了儒家的主要經典四書以外，又有假託孔子所著的《孝經》，專門闡明「孝」的意涵，發揚「孝」的精神。《孝經》的第一章即藉孔子的口說：「子曰：夫孝，德之本也，教之所由生也。」又說：「身體髮膚受之父母，不敢毀傷，孝之始也；立身行道，揚名於後世，以顯父母，孝之終也。」這些話都深刻地印在中國人的腦海裡。

　　後來流行民間的二十四孝圖說更竭力鼓勵爲人子女者爲父母的安適及家庭的榮譽而犧牲自我，到了極端荒謬的程度。但在中國的傳統社會中並不覺其荒謬，正如視女性的三寸金蓮爲正常的美學一般，完全是被無所比較的單一文化灌輸所矇蔽的結果。在長久的儒家意識觀念的灌輸下，不但「孝」爲不可究詰的絕對之德，由「孝」而衍生的「忠」、「節」、「義」等觀念也成爲不容爭議的絕對之德。

　　儒家的道德觀形成了中國人家族主義意識型態的基石。難怪五四時代的知識分子在反對封建的君主政治、父權的家庭制度和家族主義的同時，也要打倒儒家，清算孔子了。

　　民國成立以後，並不鼓勵家族主義的繼續蔓延，因爲過分的對家族效忠，或只知有家而不知有國，對建立現代的國家是一種阻礙。共產黨在大陸上掌權以後，則有意地摧毀家族組織，破壞家族主義的觀念，那是爲了與家族爭寵，只容許人民忠於黨，就不能忠於其他的對象了。但是在竭力摧毀破壞了幾十年以後，家廟不在了，共有的祖產不存了，祖先的神主牌位也燒光了，但是家族主義仍然牢固地盤據在人們的頭腦裡，竟連共黨的高階層領導也無能擺脫蔭其子弟族人的想法，可見非物質的文化，比物質還要來得強韌堅固。

第八章
周公與孔子

一、周公的歷史地位

　　文王是興周的主導者，武王是翦商的執行者，但是鞏固周社稷、發揚周文化的關鍵人物卻是周公旦。

　　周公旦是武王發的弟弟，以太王所居周地為其采邑，故謂周公（譙周《史記・集解》），大概在年齡上僅次於武王，而長於畢公、召公、振鐸、管叔、蔡叔、衛康叔等，因此在伐商後「周公旦把大鉞，畢公把小鉞，以夾武王」（《史記・周本紀》）。足見周公的重要地位。《史記・魯周公世家》記載：「自文王在時，旦為子孝篤仁，異於群子。及武王即位，旦常輔翼武王，用事居多。武王九年，東伐至孟津，周公輔行。十一年，伐紂至牧野，周公佐武王作《牧誓》。破殷入商宮，已殺紂，周公把大鉞，召公把小鉞，以夾武王。釁社，告紂之罪於天及殷民，釋箕子之囚，封紂子武庚、祿父，使管叔、蔡叔傅之，以續殷祀。徧封功臣、周姓戚者。封周公旦於少昊之虛曲阜，是為魯公。」在以上的記載中把小鉞夾武王的雖然變為召公，把大鉞的卻總是周公。

　　武王克商以後不到三年即崩逝，太子成王即位時年少，故由位高權大的周公攝政。成王既是武王的嫡長子，應該不會像《史記・魯周

公世家》所言的「武王既崩，成王少，在強葆(索隱曰：強葆即襁褓
古字)之中。」如果成王眞只在襁褓之中，七年後成王仍不過七、八
歲，周公如何還政成王？看來《史記》在這方面的記載是有問題的。
以邏輯推論，在以老人文化爲主導的周文化中，二、三十歲仍然可以
說太年少，由年長的叔父來攝政還是可以的。周公攝政也引起了一些
誤會，首先就是他的弟弟管叔、蔡叔和紂王之子武庚的叛亂，使周公
不得不出兵討伐，結果是殺了武庚、管叔，放逐了蔡叔。其次，在歸
政成王之後，仍有人在成王面前譖陷周公，使周公不得不一度奔楚。
後來在成王檔案中發現了周公因成王病而書寫的禱文，才知道周公的
一片忠心，而請回了周公。

由此可知周公不但曾長期地輔佐武王，在武王去世後，也曾攝政
達六、七年之久。周公對周初政情的穩定是有巨大貢獻的，同時又是
位有所創制的政治家，如《史記・魯周公世家》所載他曾佐武王作
〈牧誓〉，又曾爲成王作〈鴟鴞〉一詩及〈多士〉、〈毋逸〉等文。
據說周公也曾制禮作樂、《尙書・大傳》就說：「周公攝政六年，制
禮作樂。」《左傳》文公十八年也有這樣的記載：「先君周公制《周
禮》曰：則以觀德，德以處事，事以度功，功以食民。」現存的《周
禮》雖然不可能爲周公所作，但其中肯定保存了不少周代的社會制度
和政治組織。王國維在〈殷周制度論〉中甚至說「宗法制度」乃周公
所定。說的未免太過分了，因爲像「宗法制度」這種世代相傳的習俗
絕不可能出於一人一時所定，但我們也可以因此想像到周公一定是周
文化和周制度的維護者和發揚者。因爲周公在行政上的成功作爲，使
周朝的基業穩定下來，周的制度才得以傳遞，周的文化才可以播揚。

二、夢見周公的孔子

　　周公代表了周文化，但並沒有確實屬於周公的著作和言論遺留下來。一直到述而不作的孔子出現，我國才有第一個有言論遺留後世的思想家。

　　孔子生於魯國的昌平鄉陬邑，他的父親叔梁紇本為宋國人，所以孔子應該算是殷人之後，但他所繼承的卻是周文化，他說：「夏禮吾能言之，杞不足徵也；殷禮吾能言之，宋不足徵也；文獻不足故也，足則吾能徵之矣。」（《論語‧八佾》）數百年的強勢傳播，周文化早已在中原地帶形成主流。不過到了春秋時代，由於社會經濟的變化及諸侯霸主的興起，傳統的周文化已經受到相當的威脅，站在反亂求治的立場，孔子一心嚮往正統的周文化，因而說：「齊一變至於魯，魯一變至於道。」（《論語‧雍也》）魯是周公之國，周公也正是孔子一生所蘄慕的人物，他曾歎息說：「甚矣吾衰也，久矣吾不復夢見周公。」（《論語‧述而》）周公正是孔子夢想中的聖人。

三、孔子是周文化的代言人

　　做為周文化的代言人，孔子是「宗法制度」、「家族主義」、「老人文化」、「男性沙文主義」的維護者。家族倫理是孔子關懷的中心，所以他的思想的出發點在「孝」。他說：「弟子入則孝，出則弟，謹而信，汎愛眾而親仁，行有餘力則以學文。」（《論語‧學而》）又說：「父在觀其志，父沒觀其行，三年無改於父之道，可謂孝矣。」（同上）父子的關係正是「宗法制度」的主軸，講孝道的不能

不特爲強調。「孟懿子問孝，子曰：『無違。』樊遲御，子告之曰：『孟孫問孝於我，我對曰無違。』樊遲曰：『何謂也？』子曰：『生事之以禮，死葬之以禮，祭之以禮。』孟武伯問孝，子曰：『父母唯其疾之憂。』子游問孝，子曰：『今之孝者是謂能養，至於犬馬皆能有養，不敬，何以別乎？』子夏問孝，子曰：『色難。有事弟子服其勞，有酒食先生饌，曾是以爲孝乎？』」（《論語·爲政》）這一連串的問孝，孔子的答覆雖然不同，但重點都在如何以敬謹有禮的態度來侍奉父母。孔子的弟子有若即繼承孔子的觀點，把孝放在爲人的本源的地位，故曰：「其爲人也孝弟，而好犯上者鮮矣，不好犯上而好作亂者未之有也。君子務本，本立而道生，孝弟也者其爲仁之本與！」（《論語·學而》）

在「宗法制度」、「家族主義」的框架中，「孝」是自然衍生的一種倫理觀、一種行爲的實踐，並非是孔子的創意。孔子嚮往於正統的周文化，自然首先必須提倡孝道。

同樣，「禮」也是周文化所表現的一種特點，維繫男女有別、長幼有序的秩序就是靠「禮」的節制。這也是孔子所強調的一個重點。他甚至以爲侍奉父母，只要「事之以禮，死葬之以禮，祭之以禮」，也就是孝了。他有時也從周文化的觀點把禮泛指爲一種文化制度，因而說：「殷因於夏禮，所損益可知也；周因於殷禮，所損益可知也；其或繼周者，雖百世可知也。」（《論語·爲政》）但是禮的重心必定落在倫理上，所以在林放向孔子問禮的時候，孔子的答覆是「禮與其奢也寧儉，與其易也寧戚。」（《論語·八佾》）這主要指的是喪禮。在祭祀上，所表現的也是禮，所以在子貢想除去告朔之餼羊時，孔子說：「賜也，爾愛其羊，我愛其禮。」（同上）禮除了做爲外在的儀節之外，進一步也成爲內在行爲的節制，孔子說：「君子博學於文，約

之以禮，亦可以弗畔矣夫。」（《論語‧雍也》）禮於是成為衡量人之行為的標準，「子曰：恭而無禮則勞，慎而無禮則葸，勇而無禮則亂，直而無禮則絞。」（《論語‧泰伯》）禮也是為人處世的一個出發點，故孔子說：「興於詩，立於禮，成於樂。」（同上）

四、孔子的仁學

如果說「孝」與「禮」本是正統的周文化所強調的重點，「仁」卻是孔子的發明，至少也是由孔子發揚光大的一種道德的準則，形成孔子個人思想的中心。

「仁」其實就是「孝」的延伸與光大，所以孔子批評宰我不願為父母服三年之喪為「不仁」（《論語‧陽貨》）樊遲向孔子問仁時，孔子直接答曰：「愛人。」（《論語‧顏淵》）愛人，就已經超出了孝的範圍，也超越了家族的範圍。這種為人的德行應該是孔子思索實踐而得來的結果，以「家族主義」為主體的周的社會觀不一定非要有愛於族外之人不可。其實「家族主義」是含有排外的因子的，正因為如此，有頭腦的思想家如孔子者才會大力提倡「仁」，以中和「家族主義」所孕育的「孝悌」的偏狹性。

孔子在不同的學生問仁時，有不同的答覆。譬如仲弓問仁，孔子答曰：「出門如見大賓，使民如承大祭，己所不欲勿施於人，在邦無怨，在家無怨。」（《論語‧顏淵》）司馬牛問仁，孔子說：「仁者其言也訒。」（同上）孔子答覆得最深刻、最完整的則是針對顏淵的問。他說：「克己復禮為仁。一日克己復禮，天下歸仁焉。為仁由己，而由人乎哉？」顏淵又問仁的細目，孔子答曰：「非禮勿視，非禮勿聽、非禮勿言、非禮勿動。」（同上）這裡把「仁」和「禮」結合起

來，也就是等於說行爲合於禮，也就是仁了。由此看來，在孔子的心目中，「孝」、「禮」與「仁」，實在是一體之三面。「孝」是源頭，「禮」是表現，「仁」則是「孝」的延伸、「禮」的內涵。

在《論語・里仁》一篇中，孔子對仁的解釋相當透徹。先說「里仁爲美」，如果擇里居而不以仁爲標準，又哪裡算有智慧呢？繼又說不仁的人既不能處於窮困之境，又不能處於安樂之境，唯有「仁者安仁，知者利仁」。也唯有仁者才會有大公無私之心，可以「好人」，也可以「惡人」。如果心志於仁，則不會有惡念、惡行。又勉勵人實行仁並不是什麼難事，他說：「我未見好仁者，惡不仁者。好仁者，無以尙之；惡不仁者，其爲仁矣，不使不仁者加乎其身。有能一日用其力於仁矣乎？我未見力不足者。蓋有之矣，我未之見也。」有一次子貢問孔子說：「如有博施於民，而能濟眾，何如？可謂仁乎？」孔子的答覆是：「何事於仁，必也聖乎？堯舜其猶病諸！夫仁者，己欲立而立人，己欲達而達人，能近取譬，可謂仁之方也已。」（《論語・雍也》）此處的解釋是「推己及人」即爲「仁」。

行仁似乎並非難事，然而孔子卻也並不輕易以仁許人。有一回孟武伯向孔子問子路是否仁，孔子回說：「不知也。」又問冉求如何？孔子說：「求也千室之邑、百乘之家，可使爲之宰也，不知其仁也。」再問公西赤如何？孔子說：「赤也束帶立於朝，可使與賓客言，不知其仁也。」（《論語・公冶長》）只有對顏回，孔子才稱讚過：「回也，其心三月不違仁，其餘則日月至焉而已矣。」（《論語・雍也》）

在孔子的觀念中，理論上，「仁」是一個人修身立命的根本，應該是人人都可做到的事，但是在實際的生活中，仁人卻並不很多，大多數人都達不到「仁」的標準。因此，「仁」對孔子而言，是一個

「理想的典型」，是每一個人在做人上都應該追求的目標。於是他說：「志於道，據於德，依於仁，游於藝。」（《論語‧述而》）這就是「聖人」的理想了。

五、孔子思想的局限

孔子的仁學，來自周文化的孝道和禮法，下開中國兩千年修身養性的道德蕲嚮，對中國的文化影響不可謂不大。但是就孔子的時代與社會背景而言，他有沒有思想上的局限呢？答案是有的。就《論語》一書的記載而言，孔子所講的仁學，針對的對象似乎只是在上階層的「君子」，並不包括下階層的「小人」在內。所以他說：「君子去仁，惡乎成名？」又說：「君子無終食之間違仁，造次必於是，顛沛必於是。」（《論語‧里仁》）至於「小人」，那是不可能與仁有關的，他說的很明白：「君子而不仁者有矣夫，未有小人而仁者也。」（《論語‧憲問》）他又說：「君子上達，小人下達。」（同上）我們不必為孔子辯護，他處在有君子與小人之分的社會中，心中如不存這樣的區別，反倒奇怪了。

除了小人以外，孔子對女性也有偏見，也很不敬。大概今日的女權主義者不樂聞「唯女子與小人難養也，近之則不遜，遠之則怨」（《論語‧陽貨》）這樣的話吧！然而周代的「宗法制度」和「同姓不婚」的習俗確定了婦女在家庭中和在社會上不能擁有和男性一樣的權力和地位。男女兩性甚至是隔絕的，授受的機會都沒有。孔子弟子三千人，沒有一個女性在內。孔子在衛謁見衛靈公夫人南子，本是一件平常的禮貌行為，竟引起弟子子路的不悅，迫使孔子急急地發誓說：「予所否者，天厭之！天厭之！」（《論語‧雍也》）

六、孔子復甦了周文化

　　研究中國思想和哲學史的學者，多半都把孔子看作是最早的一位
思想家，原因是周公代遠時隔，沒有眞實的資料可據。孔子雖然也是
述而不作，但是留下了一部珍貴的語錄——《論語》，再加上據說也
是孔子所作的《春秋》，可據的材料不算少了。何況以後還有孟軻、
荀卿等人對孔子的思想加以進一步的闡發、宣揚，孔子做爲中國的第
一位思想家是無愧的了。錢穆在他的《中國思想史》中雖然在孔子以
前列出了子產和叔孫豹兩個人，但對這兩個人的介紹不過是三言兩語
帶過而已，第一個細說的仍然是孔子。(錢穆 1952)馮友蘭在他較近
的〈中國哲學底發展〉一文中，逕自把孔子列爲中國的第一位哲學
家。(馮友蘭 1962)楊尙奎在《中國古代社會與古代思想研究》一書
中，也是把孔子列爲古代思想家的第一人。(楊尙奎 1965)

　　筆者以爲，所謂中華文化，基本上就是周文化，而周公與孔子正
是周文化的兩個重要的維護者和發揚者。周公在政治上穩定了周初社
會的基礎，使周文化成爲中原地帶的文化主流。孔子生於周公以後的
所謂亂世，一心要撥亂反正。不過，歷史上所謂的亂世，從另一個角
度來看，也就是社會發生變遷的時代，未嘗不是開拓一個新紀元的大
好時機。孔子的出現可能減少了新契機促成文化轉化的機會，因爲孔
子終生鍥而不捨的努力，在政治上雖無明顯的建樹，在教育上卻播下
了影響深遠的思想種子，使周文化在危機的關頭又重新復甦、開花。
孔子的努力之所以獲得輝煌的成果，也與當時的歷史背景有密切的關
係：第一、周文化到了春秋、戰國時代，雖然遭受到秦、楚等邊疆文
化的衝擊和挑戰，但是並未失其主流的地位。其二、孔子的仁學雖顯

迂闊，唯其所提倡的「孝悌忠恕」之道以及「君君、臣臣、父父、子子」尊重長上各有分際的政治觀正投在位當政者的所好，自漢以後，儒家成為中國學術界的正統與顯學，良有以也。

第九章
孟子的光輝與矛盾

一、大批楊墨的孟子

　　孔子思想的最重要的繼承者是孟軻，這是大家公認的事。孟軻不但繼承了孔子以家族倫理爲基礎的孝悌思想，而且進一步把孔子所大事宣揚的「仁學」發展成仁義和性善說。

　　《史記・孟子荀卿列傳》載：

> 孟軻，鄒人也，受業子思之門人。道既通，游事齊宣王。宣王不能用，適梁惠王不果所言，則見以爲迂遠而闊於事情。當是之時，秦用商君富國彊兵，楚、魏用吳起戰勝弱敵，齊威王、宣王用孫子、田忌之徒，而諸侯東面朝齊。天下方務於合從連衡以攻伐爲賢，而孟軻乃述唐虞三代之德，是以所如者不合，退而與萬章之徒序詩書，述仲尼之意，作《孟子》七篇。

　　孟子的時代是百家爭鳴的時代，特別是在政治、軍事上，可說是人才輩出。百家之所以爭鳴，有兩個重要的原因：一是到了戰國時代，各種新興的文化與周文化接觸以後，發生交互激盪的作用；二是

列國競勝，給不同的學說造成了並存的空間和競爭的機會。在這樣的環境中，孟子是少數中的一位，緊追著周文化的腳步，借著發揮孔子的學說，大力維護了周文化的傳統。

當孟子之日，最流行的學說可以楊朱與墨翟為代表。楊朱的學說失傳了，但是從《孟子》中我們知道他是「拔一毛而利天下不為」（《孟子·盡心上篇》）的人。他的說法像西方資本主義經濟運作下的「個人主義」。他的學說既已失傳，這種思想的來源和背景自然已不可考，可以斷言的是不可能出之於以家族主義為本位的周文化。至於墨子倒是留下了不少篇章，他主張兼愛、非攻、節用，很類似耶穌的言談，他的「天兼天下而愛之」（《墨子·天志中篇》）的觀點也近乎基督教的「神愛世人」。他是反對儒家最力的人，所以有〈非儒〉之作。這樣的學說當然不可能是在以「孝悌為本」的周文化中孕育而成的。墨翟為宋人，很可能是殷文化的遺胤，文化背景不同，所見自異，再加上對周文化的反抗和批判。

孟子以批楊墨為己任，曾慨嘆地說：「聖王不作，諸侯放恣，處士橫議，楊朱、墨翟之言盈天下。天下之言不歸楊，則歸墨。」（《孟子·滕文公下篇》）又說：「距楊墨，放淫辭，邪說者不得作。作於其心，害於其事。作於其事，害於其政。聖人復起，不易吾言矣！」（同上）為什麼孟子認為楊墨之說是邪說，非要大批不可？那是因為楊墨的學說違背了周文化的家族和政治倫理，因此孟子才會狠毒地詈罵道：「楊氏為我，是無君也。墨氏兼愛，是無父也。無父、無君，是禽獸也！」（同上）

二、仁義並舉與義利之辨

　　孟子是一個能言善辯的人，他除了批判其他的學說以外，並把孔子的「仁學」大事發揚。孔子只講「仁」，而孟子兼言「義」。他說：

> 人之所不學而能者，其良能也；所不慮而知者，其良知也。孩提之童，無不知愛其親者，及其長也，無不知敬其兄也。親親，仁也；敬長，義也。無他，達之天下也。（《孟子·盡心上篇》）

　　孟子對「義」非常重視，如若不能說重於「仁」，至少不下於「仁」的重要性，所以他才說：

> 魚，我所欲也；熊掌，亦我所欲也。二者不可得兼，舍魚而取熊掌者也。生，我所欲也；義，亦我所欲也。二者不可兼得，舍生而取義也。（《孟子·告子上篇》）

　　對孟子而言，「義」尤重於人的生命，因為生而無義，則為苟得之生，不具有生的應有意義。如果說「仁」是人心中的直接感覺，「義」則是理性的抉擇，因此他在同篇中說：「仁，人心也；義，人路也。」

　　在孟子的觀念中，與「仁義」相對立的是「利」，心中一有了利，就失去了仁義，所以利與仁義不能共存。《孟子》書一開始就談

到這個問題：

> 孟子見梁惠王，王曰：「叟，不遠千里而來，亦將有以利吾
> 國乎？」孟子對曰：「王何必曰利？亦有仁義而已矣！王曰
> 何以利吾國，大夫曰何以利吾家，士庶人曰何以利吾身，上
> 下交征利，而國危矣！萬乘之國，弒其君者，必千乘之家；
> 千乘之國，弒其君者；必百乘之家。萬取千焉，千取百焉，
> 不為不多矣！苟為後義而先利，不奪不饜。未有仁而遺其親
> 者也，未有義而後其君者也。王亦仁義而已矣，何必曰
> 利！」（《孟子・梁惠王上篇》）

梁惠王一張口就碰了孟子一個大釘子，難怪孟子不見用於梁惠王
了。孟子之所以如此孟浪，實在是因為他對利存有極大的反感，不能
不力駁之。他也以同樣的話，教訓過奔走於秦、楚之間的宋牼：

> 宋牼將之楚，孟子遇於石丘，曰：「先生將何之？」曰：
> 「吾聞秦楚構兵，我將見楚王說而罷之。楚王不悅，我將秦
> 王說而罷之。二王我將有所遇焉！」曰：「軻也請無問其
> 詳，願聞其指。說之將如何？」曰：「我將言其不利也。」
> 曰：「先生之志則大矣，先生之號則不可！先生以利說秦楚
> 之王，秦楚之王悅於利以罷三軍之師，是三軍之士樂罷而悅
> 於利也。為人臣者懷利以事其君，為人子者懷利以事其父，
> 為人弟者懷利以事其兄，是君臣、父子、兄弟，終去仁義，
> 懷利以相接，然而不亡者未之有也。先生以仁義說秦楚之
> 王，秦楚之王悅於仁義而罷三軍之師，是三軍之事樂罷而悅

於仁義也。爲人臣者懷仁義以事其君，爲人子者懷仁義以事
其父，爲人弟者懷其仁義以事其兄，是君臣、父子、兄弟，
去利懷仁義以相接也。然而不王者，未之有也，何必曰
利！」（《孟子・告子下篇》）

仁義，是道德的問題；利，是經濟的問題，兩者並非非要對立不
可。孟子的思想對後世中國的文化發展影響至鉅。首先，形成中國文
化中重農輕商的傳統，固然主要由於周文化的經濟基礎是農業，但孟
子的言論則肯定了農民意識而否定了商人的行爲，使求利的商人成爲
不仁不義之人。第二，孟子的言論阻塞了像英國亞當・史密斯（Adam
Smith）那般經濟思想家的出現。我們知道，亞當・史密斯在他的《國
富的性質及原因之探索》（*An Inquiry into the Nature and Causes of the
Wealth of Nations*, 1776）一書中，主要談的就是「利」（profit）。在經
濟上不談利，根本就沒有發展的可能。孟子把利與仁義對立起來，等
於基本上否決了任何求利的行爲。他更爲此具體地說：「雞鳴而起，
孳孳爲善者，舜之徒也；雞鳴而起，孳孳爲利者，蹠之徒也。欲知舜
與蹠之分無他，利與善之間也。」（《孟子・盡心上篇》）不但把利與
仁義對立起來，而且把利與善也對立起來了，求利者就是盜蹠之徒，
就是不善了。如果我們信仰孟子的言論，就只好遠利而近仁。但是
在經濟生活中，事實上又不能完全擺脫對利的追求，那麼就只能陽奉
而陰違，口是而心非，嘴裡邊講的是仁義，但眞正貪圖的卻是利！終
於造成中國式的僞君子人格。同時，在這種無法公然追求利的情形
下，就不可能引導出資本主義來了。楊朱的爲我，如果有所發展的
話，也許更有利於資本主義的出現。

三、孟子的性善說

孟子的性善說，對中國後來的文化影響也十分重大。這種學說是直接針對告子主張性無善無不善，或性可以為善也可以為不善而來的。

> 告子曰：「性猶湍水也，決諸東方則東流，決諸西方則西流。人性之無分於善不善也，猶水之無分於東西也。」孟子曰：「水信無分於東西，無分於上下乎？人性之善也，猶水之就下也，人無有不善，水無有不下。今夫水，搏而躍之，可使過顙，激而行之，可使在山，是豈水之性哉？其勢則然也。人之可使為不善，其性亦猶是也。」（《孟子·告子上篇》）

在與告子的辯論中，我們可以看出孟子的口舌之利及善於用譬喻的特長。孟子並進一步把性善內在化，用「四端」來描述性善的本然：

> 今人乍見孺子將入於井，皆有怵惕惻隱之心，非所以內交於孺子之父母也，非所以要譽於鄉黨朋友也，非惡其聲而然也。由是觀之，無惻隱之心，非人也；無羞惡之心，非人也；無辭讓之心，非人也；無是非之心，非人也。惻隱之心，仁之端也；羞惡之心，義之端也；辭讓之心，禮之端也；是非之心，智之端也。人之有四端也，猶其有四體也。

（《孟子・公孫丑上篇》）

　　從孟子以上的話，可以看出來，孟子是一個樂觀主義者，他不但認爲順著人的本性發展就是好的，而且他以爲表現於外的儀節、制度、也是順著人性發展而來的。孟子以後雖然有荀卿反其道而行，主張人性本惡，但是荀子的主張並沒有後來居上，在後世中國人的心目中，一直把孟子的性善說奉爲主要的信條。荀子的性惡，除了引發出法家一派的實用政術外，始終隱而不彰。究其原因，也實在是由於「性善說」更適合周文化的「家族主義」和「老人文化」的心理。

四、孟子的矛盾

　　我們習慣上都認爲孟子的學說來自孔子，因爲孟子不時地稱讚孔子爲聖人，又自言「予未得爲孔子徒也，予私淑諸人也」（《孟子・離婁下篇》）。然而孟子的言論與主張也有繼承墨子之處，只因爲他大批楊墨，所以爲人所忽略了。孟子之講義，不能說未受過墨子的影響，因爲在孟子以前講義講得最多且最精彩的是墨子。墨子曾言：「天欲義而惡不義，然則率天下之百姓以從事於義，則我乃爲天之所欲也。」（《孟子・天志上篇》）又說：「天下有義則生，無義則死；有義則富，無義則貧；有義則治，無義則亂。」（同上）孟子的「舍生取義」，實與此一線相承。

　　我們在解釋孟子繼承和發揚孔子的學說時，所遇到的困難是孟子突然發揮出一套「民主」的學說來，這是在孔子的思想中所未嘗見的，也無法看出這樣的端倪。孟子曾說：「天視自我民視，天聽自我民聽。」又說：「民爲貴，社稷次之，君爲輕。」（《孟子・盡心下

篇》)在以家長爲尊的周文化的傳統中，實在找不出有這樣立論的基礎。然而如果我們看看墨子在〈天志〉一篇中的見解，就會覺得孟子的話不足爲怪了。墨子說：「愛人利人，順天之意，得天之賞者有之；憎人賊人，反天之意，得天之罰者亦有矣！夫愛人利人，順天之意，得天之賞者誰也？曰若昔三代聖王堯、舜、禹、湯、文、武者是也。……夫憎人賊人，反天之意，得天之罰者誰也？曰若昔者三代暴王桀、紂、幽、厲者是也。」（《墨子・天志中》）孟子說：「行一不義，殺一不辜而得天下，皆不爲也。」（《孟子・公孫丑上篇》）墨子說：「殺一不辜者，必有一不祥。」（《墨子・天志下》）他們所說的話實在是很相近的。孟子雖然很反對墨子的「兼愛」，但是他也襲用墨子的「兼愛」一詞，而且用作正面的意義，譬如在〈告子上篇〉中，孟子就曾說：「人之於身也，兼所愛。兼所愛，則兼所養也。無尺寸之膚不愛焉，則無尺寸之膚不養也。所以考其善不善者，豈有他哉？於己取之而已矣！」

孟子主張的思想來自孔子，自無疑問。不過他處在百家爭鳴的戰國時代，要想不受其他學說的影響自也十分困難。對他所大力批的楊墨兩家，前者他十分厭惡，所以對「利」特別有反感。對後者他卻有意無意地汲取了一些墨家的見解，因此使他說出了一些與儒家所講的孝悌忠恕並不合轍的「民貴、君輕」的話頭。在以君、父爲至尊的周文化中，忽然說出相反的話，自然十分奇怪。儒家雖然主張施行仁政，也主張愛民，然而這些都必須出於在上位的君自動自發地施恩，與「民貴、君輕」的論調並不相同。中國的文化畢竟是以周文化爲中心的，所以君並未因孟子所言而失去他的重要地位，民也未因孟子所言而受到尊重，兩千年來在中國實行的是專制政體，君權至上，「民爲貴」只成了孟子個人所放的一句空話而已。

　　孟子除了盡力讚美孔子外，也同樣的推崇周公，稱他爲古之聖人（《孟子・公孫丑下篇》）。孟子比孔子更注意到老人的權益。他一再地說：「吾聞西伯善養老者，天下有善養老，則仁人以爲己歸矣！」（《孟子・盡心上篇》，又見〈離婁上篇〉）又說：「五畝之宅，樹牆下以桑，匹婦蠶之，則老者足以衣帛矣。五母雞、二母彘，無失其時，老者足以無失肉矣。」（《孟子・盡心上篇》，類似的話又見〈梁惠王上篇〉）五十和七十的老者之所以需要衣帛、食肉，乃因孟子以爲「五十非帛不煖，七十非肉不飽，不煖不飽謂之凍餒。」可見孟子是我國最早的老人社會福利的倡議者。

　　孟子以他能言善辯的口才，發展了孔子的「仁學」，也維護了周文化中的「家族主義」的倫理道德。他特別重視老人的利益，使老人的地位在中國社會中更加穩固。唯獨他的政治理想無法實現，他的民主思想，也不免流於早熟的空想。究其原因，實在也因爲孟子自己的思想中也具有一種尊君與輕君之間的難以解開的矛盾！

五、孟子的政治觀

　　如果社會中的下層建構可以決定上層的意識型態，上層的意識型態同樣反轉過來會影響或局限下層的建構。這在人類的政經發展史上，表現得十分清楚。

　　在歐洲，一般認爲從十四世紀末到十六世紀的文藝復興時代是從封建社會到資本主義社會的過渡時期，不但產生了拉斐爾(Raphael, 1483-1520)、米開朗基羅(Michelangelo, 1475-1564)這般宏闊精緻的藝術家，也產生了馬丁・路德(Martin Luther, 1483-1546)這樣的宗教改革家和創作《烏托邦》(Utopia)理想社會的穆爾(Thomas More,

1478-1535)。文藝復興時代的思想散發著濃厚的人文氣息，也爲後世的科學研究、個人主義和民主政治鋪平了道路。十七世紀英國的霍布斯(Thomas Hobbes, 1588-1679)在《論公民》(*De Cive*, 1642)和《論人》(*De Homine*, 1657)等著作中已經把個人看作是社會組成的基礎，而脫開了家族的羈絆。(Hobbes 1991)

到了十八世紀啓蒙時代的思想家沿此思路發展，例如盧騷(Jean-Jacques Rousseau, 1712-1778)的《社會契約論》(*Du contrat socral*, 1762)、孟德斯鳩(Montesquieu, 1689-1755)的《法意》(*De l'esprit des lois*, 1748)，可以說爲現代的民主法治社會繪出了藍圖。

在我國早期的思想家中，以個人爲出發點的楊朱，他的思想不但得不到任何發展，而且出現不久就受到嚴厲的批評，而胎死腹中。同樣受到嚴厲批評的墨翟，因爲並不強調個人，總算留下了一部墨家的經典。楊朱卻什麼也沒有留下來，可見他的思想最難以令後世的中國人認同。

孟子的思想既然來自周文化的薰陶和孕育，當然不脫「家族主義」的範限，「個人」在他的思想中是沒有立足之地的。孟子的思想既然在後世成爲顯學，那麼對中國政經社會的發展，肯定發揮了導航的作用。

孟子的理想社會是：

> 五畝之宅，樹之以桑，五十者可以衣帛矣。雞豚狗彘之畜，無失其時，七十者可以食肉矣。百畝之田，勿奪其時，數口之家可以無飢矣。謹庠序之教，申之以孝悌之義，頒白者不負戴於道路矣。七十者衣帛食肉，黎民不飢不寒，然而不王者，未之有也。(《孟子‧梁惠王上篇》)

　　孟子這種小康社會的理想是奠立在五畝之宅和百畝之田的經濟基礎上。所以有百畝之田者，蓋來自孟子所講而為後世聚訟紛紜的「井田制度」。

　　在《孟子》中沒有提到「井田」一詞，此詞最早出現在《穀梁傳》(宣公十五年)中。但是《孟子》中有滕文公使畢戰問「井地」一節，「井地」指的就是「井田」。孟子的答覆是這樣的：

> 子之君將行仁政，選擇而使子，子必勉之。夫仁政必自經界始。經界不正，井地不均，穀祿不平，是故暴君污吏必慢其經界。經界既正，分田制祿，可坐而定也。夫滕壤地褊小，將為君子焉，將為野人焉，無君子莫治野人，無野人莫養君子。請野九一而助，國中什一使自賦。卿以下必有圭田，圭田五十畝，餘夫二十五畝。死徙無出鄉，鄉田同井，出入相友，守望相助，疾病相扶持，則百姓親睦。方里而井，井九百畝，其中為公田，八家皆私百畝，同養公田。公事畢，然後敢治私事，所以別野人也。(《孟子‧滕文公上篇》)

　　「井田制度」是方里而井，井九百畝，分作九份，一份百畝，由八家來耕種。中間的一份是公田，由八家同養。八家必要先耕種好了公田，才能管自己的私田。最後的理想是「出入相友，守望相助，疾病相扶持，則百姓親睦。」但是這八家如何來共養公田，以及如果養不好公田有什麼懲罰，或八家會不會因分工不均而發生衝突，孟子都沒有討論，所以從前的學者認為這只是孟子的理想，井田制度不但在中國歷史中沒有真正實行過，而且在理論上也不大可能真正實行。胡適就在〈井田辨〉一文中說：「井田的均產制乃是戰國時代的烏托

邦。」(胡適 1924:249)也有的學者認爲井田制曾在商、周之間存在過，是從公有制向私有制轉變的一個中間階段。(徐喜辰 1984)

「井田制度」是否眞正存在過不是本文所關注的重點，我們所要注意的是孟子提出「井田」做爲農業生產的一種理想，一方面表現他可能聽聞過這種制度，但更重要的則是「井田制度」是符合「家族主義」的一種制度。這種制度可以使鄉民「死徙無出鄉」，保持了家族的團聚。同時在同一井中耕作的八家，很可能是同一族的人，所以才可以容易達到「出入相友，守望相助，疾病相扶持」的目的，因爲除了經濟的利益以外，還有親情的存在，正可以彌補經濟利益之不足。

六、仁政是親情的延伸

一般人溫飽不虞，又「出入相友，守望相助」，社會自會安定，所以孟子才說「夫仁政必自經界始」。

前文我們已經說過，孔子所講的「仁學」是從孝悌延伸而來的，那麼孟子所講的「仁政」是否與家庭倫理有關呢？我們對這個問題也持肯定的看法。《孟子·滕文公上篇》在談到學校教育時，認爲教育的目的不過是爲了「明人倫」，「人倫明於上，小民親於下，有王者起，必來取法，是爲王者師也。」明白地說明政治的主要內容不過是人倫而已。所以孟子說：「(聖人)既竭心思焉，繼之以不忍人之政，而仁覆天下矣。」(《孟子·離婁上篇》)不忍人的情感當從親情而來也。試比較以下的兩句話，就知道孟子所謂的「仁政」和「親情」實在是一回事。在〈離婁上篇〉中，他說「不以仁政，不能平治天下。」又說：「道在爾而求諸遠，事在易而求諸難。人人親其親、長其長，而天下平。」平天下須要仁政，而親其親、長其長，即可平天

下。那麼，親其親、長其長，不就是仁政的內容嗎？所以他又說：「仁之實，事親是也。」（《孟子・離婁上篇》）

在孟子的心目中，只要行仁政，就無往而不利。所以他說：「當今之時，萬乘之國，行仁政，民之悅之，猶解倒懸。」（《孟子・公孫丑上篇》）又說：「行仁政而王，莫之能禦也。」（同上）為什麼一般小民這樣地喜歡仁政？正因為仁政緣於親情，使當政者與人民之間的關係如同家人一般。既然是具有家人一般親情，是故「行一不義，殺一不辜，而得天下，皆不為也。」（《孟子・公孫丑上篇》）如果在不得已的情形下，非要殺人不可，孟子以為必須十分慎重：「左右皆曰可殺，勿聽；諸大夫皆曰可殺，勿聽；國人皆曰可殺，然後察之，見可殺焉，然後殺之，故曰國人殺之也。如此，然後可以為民父母。」（《孟子・梁惠王下篇》）孟子把當政者比作人民的父母並不是偶然的一種比喻，而實際上正因為周文化的政治結構就是家族結構的反射，政治觀就是家庭倫理的延伸。孟子的確承擔了發揚光大周文化的角色。直到如今，我們中國人在潛意識中仍會把當政者看作是人民的父母或家長，希望從他們那裡得到某種慈愛的眷顧。這種心態跟西方以個人的權利與義務為出發點的民主政治，可說距離十分遙遠。

七、親情超越法理

因為中國的政治倫理來自家族倫理，便不能不受家族倫理的局限和束縛，家天下的觀念自是根深蒂固，裙帶關係，在周以來的政治運作中也是一種常規。萬章曾經為舜所誅的四大不仁——共工、驩兜、三苗和鯀——抱不平，他認為舜太不公平了，對沒有關係的人則誅放之，對自己的弟弟象，雖然明知其為「至不仁」，卻封之有庳，有庳

人又犯了什麼罪，應受到不仁的象之統治？孟子卻極力爲舜來辯護，他說：「仁人之於弟也，不藏怒焉，不宿怨焉，親愛之而已矣。親之欲其貴也，愛之欲其富也，封之有庳，富貴之也。身爲天子，弟爲匹夫，可謂親愛之乎？」（《孟子・萬章上篇》）由此而論，親情尤重於公正，所謂「一人得道，雞犬皆升」，雖是句諷刺的話，卻是以親情爲重的周子民無能擺脫的傳統習俗。

在孟子的心目中，親情重於政治與法律，二者如有矛盾，親情應該處於上風。最佳的例子是瞽叟殺人的假設。孟子的弟子桃應有一次以如果瞽叟殺人，舜自己做爲執法者將如何來處置，來問孟子。孟子毫不猶豫地說：「舜視棄天下，猶棄敝蹝也。竊負而逃，遵海濱而處，終身訢然，樂而忘天下。」（《孟子・盡心上篇》）

八、天倫之樂是人生的最高理想

孟子爲什麼會認爲瞽叟犯罪，舜必定棄天下竊負之而逃呢？自然是因爲孟子把家庭倫理的孝悌之道看作是爲人的根本。捨此根本，不會有政治，也不會有社會。所以說「家族主義」是周文化的結構核心是不會有錯的。

在周文化的家族主義主導下，人生的最高理想，並不是富與貴，甚至不是王天下。孟子曾提出了君子的三樂，其中第一樂就是天倫之樂。他說：「君子有三樂，而王天下不與焉。父母俱存，兄弟無故，一樂也。仰不愧於天，俯不怍於人，二樂也。得天下英才而教育之，三樂也。君子有三樂，而王天下不與存焉。」（《孟子・盡心上篇》）以此推論，君子的三樂，一般小民難以盡享，恐怕只有第一樂——天倫之樂，是君子與小人可以共有的理想。

　　對於天倫之樂，孟子不但一再地宣揚，並且認爲是仁、義、禮、智一切人生儀節的中心。他曾明確地指出：「仁之實，事親是也；義之實，從兄是也；智之實，知斯二者弗去是也；禮之實，節文斯二者是也；樂之實，樂此二者。樂則生矣，生則惡可已也。惡可已，則不知足之蹈之手之舞之。」（《孟子・離婁上篇》）

　　仁義的實際內涵都是從親情而來，智不過是用以認知親情，禮則是用以約制親情。眞正的快樂，是樂此親情，親情不但是人生至高的境界，而且涵蓋了全面的人生意義在內了。

九、敬老、尊老與慕父

　　綜觀孟子所有的言論，是繼孔子之後，把周文化孕育而成的中原傳統的家庭倫理予以哲理化、社會化、政治化，並明確地奠立了以家庭倫理爲基礎的政治意識模式。

　　在宏揚家庭倫理的同時，自然穩固保障了老人的福利和地位。「五十非帛不煖，七十非肉不飽」（《孟子・盡心上篇》），並非生理的眞實需要，但卻代表了對老年人福利的重視。孟子一再提到「西伯善養老者，制其田里，教之樹畜，導其妻子，使養其老。」（同上）又說：「伯夷辟紂，居北海之濱，聞文王作，興曰：盍歸乎來！吾聞西伯善養老者。大公辟紂，居東海之濱，聞文王作，興曰：盍歸乎來！吾聞西伯善養老者。天下有善養老，則仁人以爲己歸矣！」（同上）在〈離婁上篇〉，孟子也提到伯夷、大公的事，並且說：「二老者，天下之大老也，而歸之，是天下之父歸之也。天下之父歸之，其子焉往？」

　　老，代表了父的地位與權威。父是領導者，子是景從者；父是教

化者，子是被教化者；父是治人者，子是治於人者。父子的人倫主軸的對待關係，移位到政治上，就成爲君臣的對待關係；移位到社會關係上，就成爲師生、主僕、教主與信徒等的對待關係。在周文化的系統中，社會結構和人際關係無不由此父子的主軸而衍生。敬老與尊老則形成了以老年人視境、觀點爲中心的「老人文化」。

現代的心理學認爲一個人，人格的形成取決於遺傳和幼年及成長期的生活環境和經驗。在人格形成的過程中，一個人的行爲須要適應符合他的族群的文化性期待。在周文化中所形成的人格是「慕父」型的人格。

孟子說得好：「人少，則慕父母。知好色，則慕少女。有妻子，則慕妻子。仕則慕君，不得於君則熱中。大孝終身慕父母。五十而慕者，予於大舜見之矣！」（《孟子‧萬章上篇》）

終身慕父母，可稱爲大孝。換一句話說，也就是理想的人格是終身生活在父權的陰影下。大舜到了五十歲，還要怨慕父母，等於說到了五十歲他仍未走出不爲父所喜愛的心結。在今日的心理學上可視之爲不成熟的人格，但在當日的孟子卻視之爲一種人生的典範。

廣義地說，家族主義、家庭倫理、老人文化、父子主軸、孝悌仁義，都並不是培養個人的、獨立的、成熟的人格的有利土壤。瞽瞍殺人，舜可以棄天下而不顧，竊負之而逃，足以說明一個人在職責與親情的取捨之間所表現的人格型態。

十、解開孟子的矛盾

如果說周文化並不鼓勵個人的獨立的判斷和選擇（這種判斷和選擇正是現代民主政治所賴以運作的不可或缺的基礎），那麼孟子的

「民為貴，社稷次之，君為輕」的說法，不但與他尊父重君的一般言論相矛盾，而且他這種所謂的民主思想實在來得突然而奇怪。

前文已經說過孟子在〈萬章上篇〉中所表達的「政權天授」的思想可能來自他所極力批評的墨子的「天志」觀念。然而天的意向是不容易體會到的，墨子花了不少唇舌來討論這個問題，孟子卻直截了當地引《太誓》的話說：「天視自我民視，天聽自我民聽。」「民」所以有其重要的地位，是因為「民」代表了「天」意，「民」因「天」而貴，而非「天」因「民」而貴也。

孟子所謂「民為貴」中的民，是指全體之民，而非個別之民。如果落到個人上，當然仍然是「君貴而民輕」。所以不要誤解了孟子的意思。孟子所謂的民主思想，與今日保障個人權益的民主思想不但距離遙遠，恐怕是南轅北轍的。孟子畢竟是局限於周文化傳統中的人物！

第十章
不見容於周文化的墨家

一、周文化在春秋、戰國時代受到了挑戰

前文曾言孔子是「使周文化在危機的關頭又重新復甦、開花」的人。那是指多年以後，他的言論和思想經過孟軻、荀卿等大儒的繼承和宣揚以後的事。特別是到了漢武帝以政府的權威明令「罷黜百家，獨尊儒術」，孔子和孟子的地位才得以鞏固起來，而儒家的學說遂成為嗣後兩千年中國文化中的顯學和主流。

在孔子死後，春秋末和戰國的數百年間，周文化的正統地位受到了很大的挑戰和威脅。可以想像得到的是周雖然代商而興，所易於取代的只是政治的威權，靠了政治的威權，周文化取得主導的地位，但是並無法消滅所有商文化的遺存。甚至於周文化本身也不能擺脫商文化的影響，所以周文化中肯定也保存了不少商文化的因素。孔子就曾說：「周因於殷禮，所損益可知也。」（《論語‧爲政》）荀子也說過「刑名從商」（《荀子‧正名》）的話。至於周到底繼承了多少商代的文化，因爲資料的不足，很難加以列舉。我們根據所能掌握到的材料，倒是可以看出幾項商、周文化的差異來：第一、據大多數史學家的意見，都認爲商朝是奴隸制的社會，而周朝是封建制的社會（郭沫若在他的《中國史稿》中把奴隸制延伸到西周時代）。第二、商朝的

生產是半遊牧半農業的,而周朝則以農業生產爲主。第三、商朝的王位繼承以兄終弟及爲常態,而周朝則採嚴格的嫡長子繼承,因而確立了以長子爲大宗的「宗法制度」。第四、商朝尚鬼神,無事不以卜筮決之,周朝則比較重制度。

從商周生產方式和王位繼承的不同,可以推知周的家族制度是比較完密的,也正因此周才強調同姓不婚。在完密的家族制度中,孝悌自然成爲維繫家族團結和確定權力地位的重要倫理。老人的權位在周也比在以前更受到重視。

到了春秋、戰國時代,周政權已經衰微,除了舊有的商文化可能又重新發揮影響外,也有原來是異域的這時候帶著新興文化的面貌出現,例如楚文化和秦文化。雖然這兩地的文化也曾受到過商、周文化的影響,但是必定也帶有一些不同於周文化的異色。因此在春秋、戰國時代就產生了一些不合於周文化傳統和氣味的學說了。

二、墨子的出身背景

在孔子以後,首先出現的一個足以與儒家相抗衡的學派就是以墨翟爲首的墨家。

據錢穆在《先秦諸子繫年》中的考證,墨翟生於戰國時代周元王之世(西元前475至469年),卒於周安王十年(比梁啓超《墨子年代考》和孫詒讓《墨子年表》均提前十餘年)。(錢穆 1956:89-90)在時間上來說,他僅晚於孔子,而早於其他學派的領袖──諸如孟軻、莊周、荀卿、韓非等(老子的時代疑義甚多,暫且不論)。

對於墨子的姓氏,也有不同的說法,其中有兩說截然不同,可以提出來做爲參考:一是錢穆在《先秦諸子繫年》中所提的「墨翟非姓

墨，墨為刑徒之稱考」。他說：

> 蓋墨者，古刑名。《白虎通》五刑：「墨者，墨其額
> 也。」……儒固先孔子而有，而孔子猶未嘗自承為儒也。目
> 孔子之徒為儒者，當出於墨。墨子初亦學儒者之業，受孔子
> 之術，繼以為其禮煩擾，厚葬靡財，久服傷生，乃始背業，
> 自倡新義，而有〈非儒〉。惟儒者所習皆當時貴族相沿傳守
> 遵行之成法，而墨子乃非禮樂，尚功用，而大儉約。其衣食
> 操作，一以刑人苦力之生活為準。儒者有譏之曰：此非吾先
> 王文、武、周公所傳之道也。墨子之徒則曰：此古者大禹之
> 道矣。……蓋墨子之所倡，在其時，則刑徒之所為。……然
> 墨子雖自稱以為禹道，而當時非笑之者，則仍曰此刑徒之所
> 為，賤墨之所務也，而遂呼之曰墨。呼之曰墨者，猶其呼孔
> 門以儒。蓋儒之與墨，皆當時人物流品之一目，人生行業之
> 一端耳。儒者初未自認其為儒，而墨者則直承其為墨，曰人
> 呼吾墨，吾則以為大聖夏禹之道也。故曰非夏禹之道，不足
> 為墨。人以墨致譏，而彼轉以墨自誇焉。然則名墨翟者，猶
> 後世有黥布。黥布不姓黥，人知也。墨翟非姓墨，則不知
> 也。（錢穆 1956:91-93）

　　第二是楊尚奎在《中國古代社會與古代思想研究》中認為墨為姓
氏，即墨台氏。他說：

> 宋國有墨台氏，《通志·氏族略》引《元和姓纂》曾經說：
> 墨氏……本墨台氏……後改為墨氏……戰國時，宋人墨翟著

書號《墨子》。這一種説法很有道理，一直到南北朝時還有姓墨台者。《史記・殷本紀》記載殷後有目夷氏，《廣韻》「夷」字注，以爲是宋公子目夷後，「目夷」也作「墨夷」，「翟」與「夷」古音可以通假，頗疑「墨翟」即「目夷」之別寫。(楊尚奎 1965:390)

除了對墨翟的姓氏有不同的解釋外，對墨翟的籍貫也有不同的看法。據孫詒讓在〈墨子傳略〉中考證，墨子爲魯國人。但是孫氏同時也引用畢沅的《墨子注序》和武億的《授堂文鈔墨子跋》的説法，二人均以爲古籍所載有關墨子出處的「魯」字並非指魯國，而是指魯陽。魯陽是楚國的邑名，則墨子是楚國人，而非魯國人了。(孫詒讓1965)但是更多的人則認爲墨子爲宋國人，這是由於《史記・孟軻荀卿列傳》中曾云「墨翟，宋之大夫」的緣故(史遷去古較近)，當較爲可信。

宋國爲殷後(見《史記・殷本紀》)，依照墨翟的姓氏和行爲、學説看來，墨翟出身於宋國較爲合理。我們知道孔子的先人也來自宋國，但是孔子卻是在魯國出生長大的，因此孔子深深受著周文化的薰陶習染，因而特別景仰周公。墨翟因出身於殷之後的宋國，應該繼承了一些商文化的遺緒，因此他跟孔子的觀點就顯然不同了。

三、墨子尊天而明鬼

墨子像孔子一樣，本人並沒有著述，今所見的《墨子》五十三篇(《漢書・藝文志》載《墨子》七十一篇，漢以後亡十八篇)都是他的弟子記載墨子的言論。因爲《墨子》一書是在漢代纂集而成，其中也

可能攙雜了並不屬於墨家的資料。郭沫若在〈墨子的思想〉一文中認為「現存的《墨子》這書是漢人所纂集的,其中有些是墨家弟子的著錄,有些還不是墨子的東西。」(郭沫若 1962:157)《莊子‧天下篇》言墨子以後,墨家分爲相里勤、苦獲已齒、鄧陵子等分枝。《韓非子‧顯學篇》也說分爲相里氏、柏夫氏和鄧陵氏三派。現今《墨子》中主要的篇章多有上中下三篇,而三篇的內容大致相同,所以研究《墨子》的學者咸以爲每篇所以有上中下的原因,正是彙輯了三家略有差異的傳承。

本文只取《墨子》中咸認沒有問題的重要篇章,對墨子思想的主要興趣乃在於其有別於孔子思想之處。首先墨子彰揚天志,更信鬼神爲實有,跟孔子敬鬼神而遠之的存疑態度大相懸殊。

對於天志,墨子說:

> 我有天志,譬若輪人之有規,匠人之有矩。(《墨子‧天志上》)

在此,墨子視天志爲一切禮法的根本。他又說:

> 今天下之君子之欲爲仁義者,則不可不察義之所從出。……然則義何從出?子墨子曰:義不從愚且賤者出,必自貴且知者出。……然則孰爲貴?孰爲知?曰:天爲貴,天爲知而已矣。……然吾未知天之貴且知於天子也。子墨子曰:吾所以知天貴且知於天子者有矣。曰:天子爲善,天能賞;天子爲暴,天能罰之。天子有疾病禍祟,必齋戒沐浴,潔爲酒醴粢盛,以祭祀天鬼,則天能除去之。然吾未知天之祈福於天子

也，此吾所以知天之貴且知於天子者。不止此而已矣，又以
先王之書，馴天明不解之道也知之。曰：明哲維天，君臨下
土。則此語天之貴且知於天下。不知亦有貴且知夫天者乎？
曰：天爲貴，天爲知而已矣。（《墨子‧天志中》）

　　墨子反覆說明在人間貴而且智的天子之上，還有更貴更智的天。
天是最高的一個階層，其上再沒有比天更高的了。所以君子所講的仁
義，是從天而來的，與孔孟所講的仁義是孝悌的延伸，從人倫中來極
爲不同。
　　對於儒家罕言的鬼，墨子侃侃而言，講了一大篇。他認爲天下之
所以有暴亂，全是因爲人們不信鬼神的緣故。

子墨子言曰：逮至昔三代聖王既沒，天下失義，諸侯力正
（按：當作征），是以存夫爲人君臣上下者之不惠忠也，父子
兄弟之不慈孝弟長貞良也，正長之不強於聽治，賤人之不強
於從事也，民之爲淫暴寇亂盜賊，以兵刃毒藥水火，退無罪
人乎道路率徑，奪人車馬衣裘以自利者並作。由此始，是以
天下亂。此其故何以然也？則皆以疑惑鬼神之有與無之別，
不明乎鬼神之能賞賢而罰暴也。今若使天下之人，偕（按：
當作皆）若信鬼神之能賞賢而罰暴也，則夫天下豈亂哉？
（《墨子‧明鬼下》）

　　爲了說明鬼神的實有，墨子並且講了一個杜伯之鬼復仇的故事。
他說周宣王殺了無辜的大臣杜伯，杜伯在臨刑的時候發誓說：「現在
我是無辜被殺，若死後無知，便也罷了；若死後而有知，三年以內必

使屈殺我的君知道！」三年後周宣王跟諸侯出獵的時候，田野間佈滿了數千隨從，忽見杜伯乘坐著白馬素車，身著紅色的衣冠，手執紅色的弓箭，遠遠地向周宣王追過來。一面追趕，一面射出一箭，射穿了周宣王的脊背，射中周宣王的心臟，周宣王遂被杜伯的鬼射死在車中。這個故事說得活靈活現，墨子還補充道：「當是之時，周人從者莫不見，遠者莫不聞，著在周之春秋。」（《墨子‧明鬼下》）

墨子宣揚鬼神的實有，相信鬼神有賞賢罰暴的功能，不能說與商文化中尊天尚鬼的風習無關。我們覺得由於周文化的特重家庭倫理，漸漸淡化了商人對鬼神的敬畏心理，因此在齊魯三晉等受周文化影響深厚的地區可能不太信鬼神了，然而在殷後的宋國，商文化的遺風仍重，墨子生長在那樣的環境中自然比起孔、孟來，都要更重視鬼神的存在，以及鬼神所可發揮的對社會安定的力量。

四、反儒家的「非命」

墨子的「非命」，應該是針對儒家「死生有命，富貴在天」的思想而來的。孔子曾經說過：「道之將行也與，命也。道之將廢也與，命也。公伯寮其如命何？」（《論語‧憲問》）墨子卻認為人不能任命，而須遵從上帝鬼神。他說：

> 內之不能善事其親戚，外不能善事其君長，惡恭儉而好簡易，貪飲食而惰從事，衣食之財不足，使身至有饑寒凍餒之憂，必不能曰我罷不肖，我從事不疾，必曰我命固且窮。雖昔也三代之偽亦猶此也，繁飾有命，以教眾愚樸人久矣！（《墨子‧非命中》）

墨子的矛頭顯然是對準了儒家，然後再狠狠地加以批判曰：

> 故命上不利於天，中不利於鬼，下不利於人，而強執此者，
> 此特凶言之所自生，而暴人之道也。是故子墨子曰：今天下
> 之士君子，忠實欲天下之富而惡其貧，欲天下之治而惡其
> 亂，執有命者之言，不可不非，此天下之大害也！（《墨
> 子·非命上》）

既然不能聽命運的擺布，那該怎麼辦呢？墨子的辦法是：

> 率其百姓，以上尊天事鬼，是以天鬼富之，諸侯與之，百姓
> 親之，賢士歸之，未歿其世，而王天下，政諸侯。（《墨
> 子·明鬼上》）

五、「節葬」與「非樂」

除了「非命」以外，墨子所提倡的「節用」、「節葬」和「非
樂」，也都是針對儒家而言的。

儒家從家庭倫理出發，故主張「慎終追遠」，也自然偏向於厚葬
久喪。墨子的看法恰恰相反，他說：

> 今唯無以厚葬久喪者為政，國家必貧，人民必寡，刑政必
> 亂。若法若言，行若道，使為上者行此，則不能聽治；使為
> 下者行此，則不能從事。上不聽治，刑政必亂；下不從事，
> 衣食之財必不足。若苟不足，為人弟者，求其兄而不得，不

弟弟必將怨其兄矣。爲人子者，求其親而不得，不孝子必是
怨其親矣。爲人臣者，求之君而不得，不忠臣必且亂其上
矣。是以僻淫邪行之民，出則無衣也，入則無食也，內續奚
吾（按：此句不可解）。並爲淫暴，而不可勝禁也。（《墨
子・節葬下》）

既說明了厚葬久喪之害如此嚴重，那麼如何才合乎節葬的原則
呢？墨子指出：

故古聖王，制爲葬埋之法曰：棺三寸，足以朽體；衣衾三
領，足以覆惡。以及其葬也，下毋及泉，上毋通臭，壟若參
耕之畝，則止矣。死則既已葬矣，生者必無久哭，而疾而從
事。人爲其所能，以交相利也。此聖王之法也。（《墨子・
節葬下》）

儒家重視儀節，故也重視禮樂。當子貢欲去告朔之餼羊時，孔子
說：「賜也，爾愛其羊，我愛其禮。」（《論語・八佾》）孔子在齊聞
韶，三月不知肉味（《論語・述而》），可見孔子對音樂的愛好之深。
根據孔子的這些表現，墨子提出了強硬的非議。他說：

仁之事者，必務求興天下之利，除天下之害，將以爲法乎天
下。利人乎即爲，不利人乎即止。且夫仁者之爲天下度也，
非爲其目之所美，耳之所樂，口之所甘，身體之所安，以此
虧奪民衣食之財，仁者弗爲也。是故子墨子所以非樂者，非
以大鐘鳴鼓琴瑟竽笙之聲以爲不樂也，非以刻鏤華文章之色

以爲不美，非以犓豢煎炙之味以爲不甘也，非以高臺厚榭邃
野之居以爲不安也。雖身知其安也，口知其甘也，目知其美
也，耳知其樂也，然上考之，不中聖王之事；下度之，不中
萬民之利，是故墨子曰：爲樂非也！（《墨子‧非樂上》）

墨子的提倡「節葬」和「非樂」，都是爲了「節用」，也就是節
省不必要的開支。他反對大興土木，也不鼓勵穿華美的衣服，乘豪華
的舟車，或是喜好收集珠玉、鳥獸、犬馬。都是爲了「用財不費，民
德不勞，其興利多矣！」（《墨子‧節用上》）墨子的這些言論，就歷
史的進化而言，當然是傾向於比較純樸的遠古生活，也就是周以前的
夏及商的時代。所以我們把墨子看作是反周文化的代表，不是沒有原
因的。

六、「兼愛」與「非攻」

在墨子的言論中，最引起人們的爭議，也最不合乎儒家之道的該
是他的「兼愛」論。儒家的愛人是由孝悌出發，由近及遠，也是有差
等的。墨子所提倡的愛，卻不能分差等。他認爲天下之所以亂，其根
本的起因乃在君臣、父子、兄弟，以及人與人間不相愛。如何改變這
種狀況呢？他的辦法是：

以兼相愛交相利之法易之。然則兼相愛交相利之法將奈何
哉？子墨子言：視人之國，若視其國；視人之家，若視其
家；視人之身，若視其身。是故諸侯相愛，則不野戰；家主
相愛，則不相篡；人與人相愛，則不相賊。君臣相愛，則惠

忠；父子相愛，則慈孝；兄弟相愛，則和調；天下之人皆相
愛，強不執弱，眾不劫寡，富不侮貧，貴不敖賤，詐不欺
愚。凡天下禍篡怨恨可使毋起者，以相愛生也，是以仁者譽
之。(《墨子‧兼愛中》)

郭沫若批評墨子說他是「名雖兼愛而實偏愛。」他說：

《墨子》的「兼愛」主張頗是動人，也頗具特色。本來儒家
道家都主張愛與慈，但沒有墨子的「兼」。大約墨子在這兒
是有點競賽心理的：你愛吧，唉，我還要比你愛得更廣些！
這樣把愛推廣到無限大，其實也就是把愛沖淡到沒有了。所
以墨子一面主張「兼愛」，一面又主張「去愛」，大約在他
的內心中或者下意識中，是把「兼愛」作為「去愛」的手段
的吧？(郭沫若 1962:166)

錢穆對墨子的「兼愛」論也很不以為然。他說：

墨子要人視人之父若己之父，其實則做到視己之父若人之
父。墨子主張愛要平等無差別，但為實際上外面的經濟物質
條件所限，亦為內面的自己心情之能量所限，不能平等加
厚，則只有平等減薄。不能厚待別人父親像自己父親般，則
只有薄待自己的父親像別人父親般。換言之，則是不當他自
己父親看，只當他像別人父親看，所以孟子說：「墨翟兼
愛，是無父也。」(錢穆 1952:18)

　　郭沫若和錢穆的批評雖不能說沒有道理，但絕不是墨子的原意。在邏輯上不能因爲「愛人之父如己父」就推論爲「愛己之父如人父」，這是不能逆推的。不過墨子的「兼愛」的確是太理想主義了。他的那套達到「兼愛」的理由，諸如「夫愛人者，人亦從而愛之；利人者，人亦從而利之；惡人者，人亦從而惡之；害人者，人亦從而害之」等也太過於老生常談，並不具有足以服人的洞見。

　　雖然「兼愛」只像一個不容易實現的理想，問題乃在於何以墨子會產生這樣的想法？浸潤在家庭倫理中的人，不可能想到「兼愛」，也沒有理由去實現「兼愛」，孝敬自己的父母、友愛自己的兄弟，已經是一件終身都未必能夠做好的事了。墨子之所以會產生「兼愛」的思想，首先使我們想到的是他自己並不欽慕周文化所孕育的那種以家族親情爲核心的道德倫理，因此他對以孝悌爲本的儒家產生反感。通過反對儒家的學說來表達他對周文化的叛逆。使他叛逆周文化的背景，很明顯的是受了尚比較接近族群組織的先周文化——最可能的就是商文化——的影響。在族群組織中，也就是大陸史學家所稱的「原始公社」組織中，兼愛不但比較有可能，恐怕也是應該提倡的美德，但在周文化中卻是扞格不入的。在這一個主張上特別引起儒家的反感。

　　從「兼愛」的思想出發，很自然地便延伸到「非攻」的主張。要愛人，便得維持和平，不能有攻擊侵略的行爲。在這個問題上，墨子倒是很邏輯的，他說：

　　　今有一人，入人園圃，竊其桃李，眾聞則非之，上爲政者得
　　　則罰之。此何也？以虧人自利也。至攘人犬豕雞豚者，其不
　　　義，又甚入園圃竊桃李。是何故也？以虧人愈多，其不仁茲

甚，罪益厚。至入人欄廄，取人馬牛者，其不仁義又甚攘人
犬豕雞豚。此何故也？以其虧人愈多。苟虧人愈多，其不仁
茲甚，罪益厚。至殺不辜人也，拕其衣裘，取戈劍者，其不
義又甚入人欄廄，取人牛馬。此何故也？以其虧人愈多。苟
虧人愈多，其不仁茲甚矣，罪益厚。當此天下之君子皆知而
非之，謂之不義。今至大爲攻國，則弗知非，從而譽之，謂
之義。此可謂知義與不義之別乎？殺一人，謂之不義，必有
一死罪矣。若以此說，往殺十人，十重不義，必有十死罪
矣。殺百人，百重不義，必有百死罪矣。當此天下之君子，
皆知而非之，謂之不義。今至大爲不義，攻國則弗知非，從
而譽之，謂之義，情不知其不義也！（《墨子·非攻上》）

七、針對孔子的「非儒」

由以上墨子的學說和主張，可以看出來無不是針對儒家的學說而
設言。儒家講「敬鬼神而遠之」，墨子講「尊天、明鬼」；儒家講
「死生有命，富貴在天」，墨子講「非命」；儒家講「慎終追遠，民
德歸厚」，墨子講「節葬、節用」；儒家重禮樂，墨子主張「非
樂」；儒家講「孝悌」，墨子講「兼愛」。在任何一個問題上，無不
與儒家針鋒相對。

墨家的反儒不僅在理論的層面上，到了後來竟直接對孔子進行人
身攻擊，在〈非儒〉篇中有這樣的話：

失一道術學業仁義者，皆大以治人，小以任官，遠施周偏，
近以修身。不義不處，非理不行。務興天下之利，曲直周

> 旋，利則止，此君子之道也。以所聞孔某之行，則本與此相
> 反謬也。（《墨子・非儒下》）

此處的孔某指的當然是孔子。在以下的文中就舉出了一些孔子不
合於禮義的言行以爲佐證，把孔子形容成一個「盛容修飾以蠱世」的
妄人和言行不一的僞君子。最後則把孔門弟子都罵了進去：

> 孔某所行，心術所至也。其徒屬弟子，皆效孔某。子貢、季
> 路輔孔悝亂乎衛，陽貨亂乎齊，佛肸以中牟叛，漆雕刑殘，
> 莫大焉（按：莫上有脫字）。夫爲弟子後生，其師（按：其上
> 有脫字），必修其言，法其行，力不足知弗及而後已。今孔
> 某之行如此，儒士則可以疑矣！（同上）

這篇文章看來不是墨子自己的言論，多半是後世墨家門人對儒家
的批判。文章的內容重在謾罵，而欠缺理據，寫得實在不好。不知是
否是這篇〈非儒〉惹出後來孟子的重話來。

八、組織嚴密、苦行自勵

墨子的主張是帶有濃厚的理想色彩，但是像郭沫若似地一味加以
貶責，恐怕也未免太過分了。我們如果了解到墨子出身的文化背景與
孔子不同，他持有相異的看法，也就不足爲怪了。其實是墨子並不只
是一個言論家，而且也是一個實行家，對他自己的思想和看法，他都
肯努力地去身體力行，所以他說：「言必信，行必果，使言行之合，
猶合符節也。」（《墨子・兼愛天下》）墨子聽說公輸般爲楚造雲梯用

以攻宋，就馬上跑了十天十夜的路趕到鄭去阻止公輸般（《墨子‧公輸》）。因為他這種力行的精神，連批評他的孟子也不得不感嘆地說：「墨子兼愛，摩頂放踵，利天下為之。」

因為墨子有這種言行一致、捨己為人的力行精神，使他凝聚了不少忠實的信徒，結成一個堅強而嚴密的組織，都能捨身忘死。《淮南子‧泰族訓》就曾說：「墨子服役者百八十人，皆可使赴火蹈刃，死不旋踵。」這些墨子的信徒，也都像墨子一樣過著清苦自勵的生活，《莊子‧天下篇》就這樣寫道：「使後世之墨者，多以裘褐為衣，以跂蹻為服，日夜不休，以自苦為極。」又說：「將使後世之墨者必自苦，以腓无胈，脛無毛，相進而已矣。」

墨家自墨子以後的領袖稱作「巨子」，對徒眾有很大的權威，《莊子‧天下篇》說：「以巨子為聖人，皆願為之尸，冀得為其後世，至今不決。」使墨家帶有濃厚的宗教色彩，有些像早期的基督教。

孔子以後，墨翟、楊朱的學說都曾成為顯學，所以孟子才說：「楊朱、墨翟之言盈天下。天下之言不歸楊，則歸墨。」（《孟子‧滕文公下篇》）墨家在當時恐怕比楊朱學派更為壯大，是足以與儒家匹敵的一大學派。《呂氏春秋‧尊師篇》就說：「孔墨徒屬弟子，充滿天下。」《呂氏春秋‧當染篇》也說：「孔墨之後學，顯榮于天下者眾矣，不可勝數。」

九、墨家式微的真正原因

這樣壯大而組織又極嚴密的一個學派，怎麼轉眼間就消失不見了呢？對這個問題的回答，可能是相當紛紜的。最早有《莊子‧天下

篇》從墨翟學說的不合乎人情著眼，予以批評說：「今墨子獨生不歌，死不服，桐棺三寸而無槨，以爲法式。以此教人，恐不愛人，以此自行，固不愛己。……其生也勤，其死也薄，其道大觳。使人憂，使人悲，其行難爲也，恐其不可以爲聖人之道。」

《荀子・非十二子篇》則批評墨家說：「不知壹天下建國家之權稱，上功用，大儉約而僈差等，曾不足以容辨異，縣君臣。」

現代的學者郭沫若則認爲墨家失敗的原因在於反動。「他的思想有充分的反動性，卻是無可否認的。在原始神教的迷信已經動搖了的時候，而他要尊崇鬼神上帝。在民貴君輕的思想已經醞釀著的時候，而他要頂禮王公大人。在百家爭鳴，思潮煥發的時候，而他要一同天下之義。不承認進化，不合乎人情，偏執到了極端，保守到了極端，這樣的還不可以認爲反動，我真不知道要怎樣才可以認爲反動？」（郭沫若 1962:179）

楊尚奎則以爲墨家失敗的原因由於墨子的思辯和他的宗教色彩互不相容。他說：「墨子本人雖然有濃厚的宗教色彩，『墨辯』是與之不相容的。這樣他的後學勢必分作兩個流別，有宗教色彩的趨向於政治，長於辯學的專攻學術。沒有一個人能夠完整地傳授墨學，也許是墨學後來衰微的一個原因！」（楊尚奎 1965:412）

史學家范文瀾則說：「墨家學說，不可免的有其落後甚至反動的一面，但主觀上是爲庶民利益著想的。秦漢統一以後，統治者把它看作危險的學說，徹底禁絕了，從此沒有人再講墨學。」（范文瀾 1964:222）

以上各家的說法可能都有一些道理，但我卻覺得都不是墨家像泡沫一般就此在中國的歷史中消失的主要的原因。最重要的原因，我以爲是墨家所代表的基本思想是屬於商文化的，與周文化的傳統扞格不

入，在儒家奮力使周文化復甦以後，墨子的學說自然受到棄絕了。

　　除了以上我不時提出墨翟所具有商文化背景的印證以外，還有兩點是為大多數研究墨家的學者所忽略的。第一是墨子主張「選賢與能」的意義，他說：「選天下之賢可者，立以為天子。天子立，以其力為未足，又選天下之賢可者，置立之以為三公。……故畫分萬國，立諸侯國君。……又選其國之賢可者，置立之以為正長。」（《墨子‧尚同上》）然而他所說的「選賢與能」，不像儒家局限於君子，而是連小人、賤民都包括在內的。因此他說：「雖在農與工肆之人，有能則舉之，高予之爵，重予之祿，任之以事，斷予之令。……故官無常貴，民無終賤，有能則舉之，無能則下之。」（《墨子‧尚賢上》）他的這種主張絕不適合以「宗法制度」為重的周文化，反倒接近王國維在〈殷周制度論〉中說的：「商人無嫡庶之制，故不能有宗法。藉曰有之，不過合一族之人，奉其族之貴且賢者而宗之。其所宗之人固非一定而不可易，如周之大宗、小宗。」（王國維 1917）

　　其次是商賈在商文化中較有地位，而因此在《墨子》一書中不但不諱言「利」，而且常常是「義」、「利」並舉。據楊尚奎引徐中舒的話說，「商人」的來源就是殷商的人從事這個行業的結果。楊尚奎說：「許多人同意這種說法，是有道理的。可以說，在商朝以前還找不到專業的商人，從商朝開始才有了。周朝的時候，起初仍由商代的人來執行這個行業，所以被稱為『商人』。」（楊尚奎 1965:27）因為執行商賈之業的商人是被周征服了的民族，又因為周朝以務農為主，而形成了我國重農輕商的傳統。商賈之業不能不言利，但是在周文化薰陶中的孔子卻罕言利，孟子更是把利與義對立起來，認為二者是不能並行的。只有墨子一再地談到利。在〈兼愛篇〉中他說「兼相愛，交相利。」在〈節用篇〉中，他說：「彼其愛民謹忠，利民謹厚，忠

信相連，又示之以利，是以終身不靨，沒世而不卷。」在〈天志篇〉中，他說：「此必上利於天，中利於鬼，下利於人。三利無所不利，故舉天下美名加之，謂之聖王。」這樣一再地說「利」，與譴責梁惠王「何必曰利」的孟子，眞是有天壤之別了。

墨子的主張在小人賤民中亦可選舉賢才，不是更接近今日的民主嗎？墨子的不諱言利，而且把利和義看得一樣重要，並不認爲二者是對立的這種觀念，不是更近於現代的資本主義嗎？怎麼能說墨子的思想全是反動的呢？如果我們並不能以思想反動做爲墨家在戰國以後即消形滅跡的理由，那麼墨家的式微一定是另有原因在。這就是在本書中我意欲證明的主題：戰國時代是周文化面臨著異質的文化挑戰的一個時期，但是仍佔有主導的地位。恰巧在這時候出現了周文化孕育而來的孔丘、孟軻和荀卿幾個辯才無礙的大儒，發揮了周文化的優點，更加強了一般人對周文化的信仰，保住了周文化的主導地位。遺憾的是以商文化爲背景的墨家，畢竟是吃了少數民族和弱勢的文化的虧，在周文化一天強似一天的復興中，自然也就黯然無光了。

到了漢武帝時代司馬遷撰寫《史記》的時候，有一些在學術地位上不如墨翟的人，像申不害、淳于髡、愼到、騶奭等都有傳，唯獨沒有給墨翟立傳，只有兩句話附在〈孟軻・荀卿列傳〉中。墨翟之所以如此遭到史遷的冷遇，固然可能是到了漢代眞正已找不到多少有關墨翟的資料，但是也可能由於屬於周文化和儒家思想系統的司馬遷對墨家懷有某些反感，故意冷落了他，用以壓低墨家在學術界的重要性。這後一種猜測並不是全無道理的，因爲漢代的各家著作常常都會提到有關墨子的一些軼事，博學多聞的司馬遷怎能全無所聞呢？

第十一章
道家對周文化的背反

一、老子其人與其書

有關老子的身世，最早的資料來自司馬遷《史記·老莊申韓列傳》。其文曰：

老子者，楚苦縣厲鄉曲仁里人也。姓李氏，名耳，字伯陽，諡曰聃，周守藏室之史也。

孔子適周，將問禮於老子。老子曰：「子所言者，其人與骨皆已朽矣，獨其言在耳。且君子得其時則駕，不得其時則蓬累而行。吾聞之，良賈深藏若虛，君子盛德容貌若愚。去子之驕氣與多欲、態色與淫志，是皆無益於子之身。吾所以告子若是而已。」

孔子去，謂弟子曰：「鳥，吾知其能飛；魚，吾知其能游；獸，吾知其能走。走者可以爲罔，游者可以爲綸，飛者可以爲矰；至於龍，吾不能知其乘風雲而上天。吾今日見老子，其猶龍耶！」

老子修道德，其學以自隱無名爲務。居周久之，見周之衰，迺遂去至關。關令尹喜曰：「子將隱矣！強爲我著書！」於

是老子迺著書上下篇，言道德之意五千餘言而去。莫知其所
終。

或曰老萊子亦楚人也，著書十五篇，言道家之用，與孔子同
時云。蓋老子百有六十餘歲，或言二百餘歲，以其修道而養
壽也。

自孔子死之後百二十九年，而史記周太史儋見秦獻公曰：
「始秦與周合而離，離五百歲而復合，合七十歲而霸王者出
焉。」或曰儋即老子，或曰非也。世莫知其然否。

老子，隱君子也。老子之子名宗，宗為魏將，封於段干。

宗子注，注子宮，宮玄孫假。假仕於漢孝文帝，而假之子解
為膠西王卬太傅，因家於齊焉。

世之學老子者則絀儒學，儒學亦絀老子，道不同不相為謀，
豈謂是邪！

李耳，無為自化，清靜自正。

在以上短短的數百字中，司馬遷所遺留的問題卻真不少。第一，
老子到底是老聃，是老萊子，還是太史儋？第二，這三個人生活的年
代大為不同，孔子問禮的老聃年長於孔子，老萊子是孔子同時代的
人，而太史儋則在孔子死後一百二十九年始見秦獻公。年代相差如此
之遠，怎可能是同一個人呢？第三，司馬遷記下的當時的傳說：「蓋
老子百有六十餘歲，或言二百餘歲」等語，似乎是有意使人相信以上
的三個人可能是同一個人。我們無法相信。第四，既然連老子是誰都
難以確定，怎麼可能把老子後代世系說得那麼確切、清楚？

因此，老子的生世引起了近代學人極大的關注和爭議。《老子》
一書所呈現的文筆和形式，都不像是孔子以前或孔子時代的作品，大

多的學者都認爲應該出於戰國時代。梁啓超就說：

> 《老子》大家以爲是老聃所作。老聃乃孔子先輩，其思想學
> 說應在孔子之前，但《老子》中批評仁同義的地方很多。仁
> 是孔子的口號，仁義並講是孟子的口號，以前還無人道及。
> 老子說：「失德而後仁，失仁而後義。」又說：「大道廢，
> 有仁義。」這全是爲孔孟而發，從思想系統看來，應當在孔
> 孟之後。（梁啟超 1956:7）

在梁啓超之後，對《老子》一書的作者及其成書的時代約有以下
四說：

一、《老子》的作者是老聃，《老子》一書是老聃的學生所記的
語錄，就像孔子的學生把孔子的話輯成《論語》一書一樣。成書的時
代應在《莊子》一書之前，約與《墨子》一書同時。主張這個說法的
以唐蘭（《老子時代新考》）和楊尚奎（《中國古代社會與古代思想研
究》）爲代表。顧頡剛也認爲《老子》的作者爲老聃，但是他說老聃
生活在楊朱、宋鈃之後。爲了宣傳起見，老聃的門徒故意把老聃誇稱
爲孔子之師。至於《老子》一書的寫成則晚到秦漢之間。（顧頡剛
1982）

二、《老子》的作者是環淵。郭沫若在〈老聃、關尹、環淵〉一
文中也承認《老子》一書是老子的語錄，但更進一步指出這語錄是成
於環淵之手。（郭沫若 1962:235）司馬遷在《史記‧孟荀列傳》中曾提
到楚人環淵著《上下篇》，因此郭沫若即認爲這個《上下篇》指的就
是司馬遷在〈老莊申韓列傳〉中所說的老子著的同一個《上下篇》。
至於「環淵」一名，也就是「關尹」兩字的一聲之轉。關尹不是官

稱，而是人名，在《莊子·天下篇》中與老聃並列，在《呂氏春秋·不二篇》中亦與老聃並列，可見他與老聃關係的密切，所以郭沫若認為環淵著的《上下篇》被後人誤傳為「老子為關尹著《上下篇》」。

三、《老子》的作者是太史儋，所以成書的時間當孔子死後一百二十九年前後。主張這個說法的以羅根澤為代表。（羅根澤 1982）

四、《老子》的作者為詹何。這是錢穆在《先秦諸子繫年·老子雜辨》中所提出來的說法。他認為《老子》成書應在戰國末年，在《莊》一書之後，如此則不能說出自生於莊周以前的太史儋之手，故「今不得已而必為《老子》五千言尋其作者，則詹何庶其近之。」（錢穆 1956:202-226）《韓非·解老》、《淮南子·道應訓》及〈覽冥訓〉、《呂覽·重言篇》都曾提到詹何其人。《呂氏春秋·執一篇》和〈審為篇〉所言的詹子，錢氏以為指的也是詹何。在這些書中所載的詹何的言論，與《老子》所言近似。詹何到底是何許人呢？我們也不太了解，只有《淮南子·覽冥訓》高誘的注中說：「詹何，楚人，知道術者。」

二、《老子》一書的楚文化特徵

以上這幾個不同的說法中，除了太史儋外，其它有一個共同點，就是他們都是楚人。一方面因為司馬遷說老聃是楚人，另一方面近代學者雖未明說，在潛意識中一定感覺到《老子》的作者跟楚地有某種關係，所以在尋找作者時都以楚人為目標。

其他對老子的籍貫，也並非沒有異議的。高亨在《史記·老子列傳證》中說在《史記》其它的版本中，不作「楚」，而作「陳」。他

引孔穎達在《禮記・曾子問疏》中引用《史記》的話說：「老聃，陳國苦縣賴鄉曲仁里人也。」又引陸德明《老子音義》中的話：「老子，《史記》云：『字聃』，又云：『仁里人』，又云：『陳國相人也』。」可見在古代《史記》因版本不同，即有兩說。唐司馬貞為了折衷這種差異，在《史記索隱》中加以解釋說：「苦縣本屬陳，春秋時楚滅陳，而苦又屬楚，故云楚苦縣。」但是細讀《史記・老莊申韓列傳》，其中有「老萊子亦楚人也」一句，「亦」字乃承上文而來，可見《史記》原文本指「楚」，無疑也。

我認為《老子》的作者是誰關係不太大，重要的是《老子》一書成於何時及《老子》作者的籍貫。

根據以上各家之說，大家都認為從文體和學術系統而論，《老子》不可能早於《論語》，但是否早於《孟子》和《莊子》，就有不同的看法。因為《莊子・天下篇》中既評到關尹，也評到老聃，其它在〈德充符〉、〈天道〉、〈天運〉諸篇（〈德充符〉在《莊子》內篇，一般咸認為出於莊周之手）中也都說到孔子向老聃請益的事，因此郭沫若、楊尚奎等均主張《老子》一書應成於《莊子》之前。郭沫若說：

> 最可靠的怕還是《史記・孟荀列傳》，環淵與田駢、慎到等為齊國的稷下先生，大約與孟子是同一時代的人物，這由他所著錄的《上下篇》的文體和內容即可以得到一個內證。而先秦諸家序錄如《莊子》、《荀子》、《呂氏》等亦可以得到一些旁證。（郭沫若 1962:242）

楊尚奎說：

老子是孔子同時而稍長的人，他屬於當時南方隱士一流人，是「寬柔以教，不報無道」的學派創始者，後人根據他的學說的精神，寫出《老子》一書，這是在莊子以前寫成的，莊子在很多方面更推演了他的學說。老子是中國道家的不祧祖先。（楊尚奎 1965:416）

然而，梁啓超、顧頡剛、錢穆等則持相反的看法，認爲《老子》出於《孟子》、《莊子》之後，《老子》反倒是繼承《莊子》而來。梁啓超曾以爲《老子》中的「大道廢，有仁義」是針對孔孟而發，從思想系統上看，應在孔孟之後。錢穆在《先秦諸子繫年·老子雜辨》中指出：

老子曰：「道可道，非常道；名可名，非常名。」此乃莊周、公孫龍以後書耳。魏牟問於詹子，其年粗合。《莊子·內篇》述老聃語，絕不見今《老子》五千言中。蓋其時尚無《老子》書，特莊周自爲寓言。至荀子云：「老子有見於詘，無見於信。」（〈天論篇〉）或其時已有《老子》書（若僅見莊周寓言，荀子博學，未必遽加彈駁）。以詹何年世言之，亦當在莊周、荀卿間也。（錢穆 1956:224）

從《老子》一書的文筆及思想而論確應出於孔、孟之後，但卻不一定必出於《莊子》之後。按：依據錢穆《先秦諸子繫年》一書所附之〈諸子生卒年世先後一覽表〉看，孟子（西元前390-305）與莊子（西元前365-290）相差只有二十五年，也可說是同代人，那麼《老子》的作者也未嘗不可爲生於孟、莊之間的同代人，也許跟孟軻同時，甚至

稍早於孟軻，但曾聽聞孟軻論「義」，所以在書中可以針對仁義來發議論。如《老子》一書是老聃的弟子或再傳弟子託老聃之名所著，那麼老聃就可能與孔子同時，而著《老子》的老聃的弟子或再傳弟子則可能與孟子同時，或年長於孟子。筆者認爲郭、楊把《老子》一書放在《莊子》成書之前較爲可信。一者，老、莊的思想既有互通之處，爲後人視爲道家的雙璧，而二者的文體與思想結構都較《論語》和《孟子》的散漫與語錄式爲進步，只就思想與文體而論，實難以決定二者的先後。二來，既然古籍中均以爲老子在前而莊子在後，如沒有確實的證據則不能翻案。三者，《莊子》書中明明有多處提了老聃，而《莊子・天下篇》所述關尹、老聃的思想，十分契合《老子》一書的主旨，沒有理由認爲《莊子》中其它部分出於《老子》之前，唯獨〈天下篇〉出於《老子》之後邪！

　　至於《老子》的作者爲楚人卻是一件十分重要的事。我們知道周初在分封子弟功臣的時候並不及楚，楚國遠處於周文化的統馭之外。《史記・楚世家》所云「楚之先祖出自帝顓頊高陽，高陽者，黃帝之孫、昌意之子也」，正如《史記》把夏、商、周三代的祖先都說成是黃帝之後一樣，是神話，而不是正史。以下的世系恐怕都是不可靠的。不過其中記載楚有一個叫熊渠的祖先和一個叫熊通的祖先，都經常說過「我蠻夷也」的話。他們到底有沒有自稱「蠻夷」，無法深究，但是卻可表明這些歷史是以「周本位」來記的。凡是周人文化以外的地區，從周文化的立場來看，都是蠻夷。站在自己文化的本位上，不會自覺是「蠻夷」，只有在兩種情形下才會有這種「蠻夷」的稱號：一是周人把「蠻夷」之名強加給楚人；二是楚文化與周文化交鋒後，高下立見，佔劣勢的一方自慚形穢而自稱「蠻夷」。不管是哪一種可能性，都說明了楚人與周人不同，而楚文化亦異於周文化也。

比較真實的情形是周自窮商以後，以統治者的地位君臨了中原地帶，周文化隨政治和經濟的力量成爲那時中原的優勢文化。經過數百年的匯通交流，到了戰國時代，像楚、秦這樣的邊緣地區，漸漸爲周所同化，但是仍保留了一些地方色彩，如特殊的宗教、特殊的風俗習慣、特殊的社會組織和特殊的語法詞彙等。只要我們拿《楚辭》和《詩經》比較一下，就可以感覺到其間的差別。從句法、詞藻，所表達的思想及表達的方式來看，《論語》、《孟子》近《詩經》，而《老子》近《楚辭》。司馬遷用來形容屈原作品的話，如「其文約，其辭微，……其稱文小，而其指極大，舉類邇而見義遠」（見《史記·屈原賈生列傳》）等語，亦可適用於《老子》。《老子》一書確是一部楚人之作。

三、《老子》思想對周文化和儒家的背反

從《老子》一書的內容，更可以看出其與周文化孕育而成的《論語》、《孟子》的差別。《老子》中大談超越人生的「道」（第一章、第八章、第九章、第十五章、第十六章、第十八章、第二十一章、第二十五章、第三十二章、第三十五章、第三十七章、第四十章、第四十二章、第四十六章、第五十一章、第五十三章、第六十二章、第七十章、第七十三章、第八十一章）與《論》、《孟》從實際人生之論的思想大異其趣。《論》、《孟》所講的都是具體人生的實例，而《老子》中所言卻多半是抽象的思維。其中有些思路，如「曲則全、枉則直，窪則盈、敝則新、少則多」（第二十二章）等，非常接近兩千年後西方的「辯證法」。老子雖爲楚人，但曾任周守藏室之史（中央圖書館長），故是一位博學之士。

　　《老子》文體簡賅極富韻律，義蘊深玄奧妙，在在顯示了楚風。楚文化雖長期受到周文化的薰陶，但仍然處於周文化的邊緣地帶。到了戰國時代正逢群雄並起的局面，周文化的衰微促成了其它文化特質的日漸凸顯，因此《老子》一書的思想便以反主流文化的姿態出現。《老子》第二十九章說：

　　　將欲取天下而為之，吾見其不得已。天下神器，不可為也。為者敗之，執者失之。故物或行或隨，或歔或吹，或強或羸，或挫或隳。是以聖人去甚、去奢、去泰。

　　這種不與天下爭雄的思想，落實了說乃出於一種在野的觀點。大凡處於主流或統治者的文化，所表現的都是進取的而非退縮的，是積極的而非消極的，只有站在非主流的在野立場才會產生這種消極態度。《老子》一書甚至倡導小國寡民，「鄰國相望，雞犬之聲相聞，民至老死，不相往來」(第八十章)的排除外來影響的理念。老子雖深受周文化的影響，在潛意識中仍存有排斥主流文化的意圖。

　　但使我們明顯地看出《老子》背反周文化的言論，是它對仁義、孝慈這些儒家至為尊貴的觀念的貶抑。《老子》第十八章說：

　　　大道廢，有仁義；慧智出，有大偽；六親不和，有孝慈；國家昏亂，有忠臣。

第十九章說：

　　　絕聖棄智，民利百倍，絕仁棄義，民復孝慈，絕巧棄利，盜

賊無有。此三者以爲文不足，故令有所屬，見素抱樸，少私
寡欲。

　　爲什麼《老子》會從與儒家全然相反的立場來看待「仁義」、
「孝慈」等觀念？我們以爲楚文化中應該沒有形成周文化中那種強烈
的家族主義和「宗法制度」，所以不會像儒家似地以「仁義」、「孝
慈」爲根本，反倒以之爲末節。眞正的根本，在《老子》作者的看
法，是不可言說的道：

　　有物混成，先天地生，寂兮寥兮，獨立不改，周行而不殆，
　　可以爲天下母。吾不知其名，字之曰道，強爲之名曰大。大
　　曰逝，逝曰遠，遠曰反。故道大，天大，地大，人亦大。域
　　中有四大，而人居其一焉。人法地，地法天，天法道，道法
　　自然。

　　在道家的觀念中，「道」和「自然」是人最後的依據和人生最高
的原則，以家族親情爲念的思想家大概是無法如此想像的。《老子》
的作者認爲像「仁」、「義」、「禮」等都是在失去道之後的亂世產
生的，所以說：

　　故失道而後德，失德而後仁，失仁而後義，失義而後禮。夫
　　禮者，忠信之薄而亂之首。（第三十八章）

　　我們在前文中曾經標示過「孝」與「禮」都是周文化的特點，在
《老子》作者的眼中，「禮」竟成爲「忠信之薄而亂之首」，可知其

論點與周文化距離之遙遠！

　　《老子》作者的言論雖與儒家大相逕庭，只是因文化性差異而成，其異論亦是從學術上著眼，並未對儒家進行直接攻擊，因此也沒有受到儒家的反擊。就是在老子以後的荀卿，在《荀子‧非十二子》中，連子思和孟軻都加以批評，唯獨沒有批評到老子的觀點。蓋儒家並未以道家做爲學術上的敵手，故未像對待墨家一般大事撻伐。到了漢朝，雖有漢武帝的獨尊儒術，但漢初諸帝均好黃老之學，故道家在中國的儒學傳統中並未受到嚴厲的排斥，反倒與儒家形成相輔相成的另一股主導的思潮。中國的大多知識分子，在思想中時常是儒道兼備的，即所謂「仕則儒，隱則道」也。

四、莊子的出身背景

　　莊子的時代與籍貫不像老子那麼隱晦，可能因爲他的時代較晚一些。有關他的資料，在漢初比較容易掌握，故司馬遷用比較確定的口吻說：

> 莊子者，蒙人也，名周。周嘗爲蒙漆園吏，與梁惠王、齊宣王同時。（《史記‧老莊申韓列傳》）

　　《漢書‧地理志》言蒙縣屬梁國。然而這是漢初的地理劃分，在戰國時代，蒙是否也屬梁國，仍是一個問題。據劉向《別錄》記載，莊子是「宋之蒙人」，那麼蒙又該原本屬於宋國。《莊子‧列禦寇》有下面的一段記載：

宋有曹商者，爲宋王使秦。其往也，得車數乘，王悅之，益
車百乘。反於宋，見莊子……。

是言莊子在宋。然而《莊子·秋水》中記載「惠子相梁，莊子往
見之」等語，則莊子亦在梁。當然，莊子亦可以由宋至梁，見惠施。
《莊子·逍遙遊》也記有一段莊子與惠子交往的話語，惠子對莊子說
魏王送給他大瓠的種子，種下去後結成一個五石的大瓠，沒有什麼用
處。莊子則舉出「宋人有善爲不龜手之藥」的例子來答覆惠子，亦可
見莊子對宋國之事甚爲熟悉。爲了調停宋、梁之間的疑惑，大概有兩
種解釋：一種是認爲蒙地正好介於宋、梁之間，故莊子的遊蹤也多在
宋、梁之間。譬如錢穆，在《先秦諸子繫年》中就說：

蓋莊子居邑，本在梁宋間，其遊蹤所及，應亦以兩國爲多耳。
（錢穆 1956:270）

另一種解釋則是蒙本屬宋，後屬梁。例如楊向奎在《中國古代社
會與古代思想研究》一書中所稱：

蒙本是宋地，但宋國後來在齊楚魏等國的包圍中，局面是不
穩定的。《史記·韓世家》說：「文侯二年……伐宋到彭
城，執宋君。」這是宋休公時代，在戰國初年，已經遷過都
了。當他們遷都以後，商丘一帶地區，如蒙地附近，可能已
經被梁侵佔，莊子出生的時代已經不是宋國了，但在傳說中
他當然還可以說是宋國人。（楊尚奎 1965:426）

　　不管是宋也好，是梁也好，還是梁宋之間，莊子出生和生長的地區應該像墨翟一樣，有殷商文化遺存的地帶，也就是說並不像齊、魯那種周文化的核心地區。而且莊子居住的地方非常接近楚國，所以楚威王才會聽說莊子的大名，派遣使者厚幣以迎之，並許以爲相。結果使者被莊子搶白了一頓，莊子說他「寧遊戲污瀆之中自快，無爲有國者所羈，終身不仕，以快吾志焉。」(語見《史記‧老莊申韓列傳》)

　　至於莊子生活的時代，《史記》明白地說「與梁惠王、齊宣王同時」，一般學者對此無異議。錢穆《先秦諸子繫年》所附之「諸子生卒年世約數」表載莊子生於西元前365年，卒於290年，比孟子晚生二十五年。

五、洸洋環瑋的莊文風格

　　莊子生存的時代，顯然是不同的文化向周文化挑戰的時代，他又不是生長在周文化的核心地帶，那麼他的思想言論不同於儒家，也就是一件自然的事了。

　　研究莊子的思想，當然以現存的《莊子》一書爲準。現存的《莊子》有內篇七篇、外篇十五篇、雜篇十一篇，共計三十三篇。《漢書‧藝文志》載《莊子》五十二篇，其他的篇章應該是遺失了。

　　在這三十三篇中，一般認爲內篇是莊子的作品，最能代表莊子的思想，其他各篇則可能是後人借莊子之名所作，但其要義以及表現的風格仍然是模仿、繼承莊子的。

　　《莊子》如與其同代及更早的儒墨等學派的作品比起來，風格上極不相同，稱之爲一本奇書，不爲過也。司馬遷稱莊子「著書十餘萬言，大抵率寓言也」，又說「其言洸洋自恣以適己」，可說是抓住了

莊子風格的特點。

　　莊子一向與老子並列，合稱「老莊」，而爲後世視爲道家的開山者，主要因爲二人都談「道」，二人的文風也與當日的儒、墨、法大相逕庭。儒、墨、法諸家用的語言均甚平實，即使舉證的小故事，也是屬於人事和歷史的範圍。老莊的語言則充滿了弔詭的辯論和對抽象概念的解說。特別是莊子，文筆更是洸洋瓌瑋，上天入地，虛實相激，風也會說話，雲也能言語，海與河相互對話，鵬爲蜩與學鳩嘲笑，有的像神話，有的是寓言，已經在敘述體中展現了戲劇的筆法，實在是在那個時代少見的一種奇文！

　　老莊雖然並稱，但是他們卻不像儒家和墨家似地形成一個嚴密的團體或實體凝聚的學派。「道家」是後人對他們的稱呼，他們自己不曾自稱道家。這原因乃是因爲他們是我國有史以來少有的「個人主義」者和「自由主義」者，他們既缺乏結成團體的意願，也反對把個人納入組織之中。

六、全性保眞

　　其實在莊子以前，仍有一個值得一提的個人主義者，那就是被孟子所詆罵的楊朱。孟子說他「楊子取爲我，拔一毛而利天下不爲也。」（《孟子・盡心上》）似乎使人覺得他是一個自私自利的人，並沒有說他何以如此的原因。我們從以後的《淮南子》中才知道楊朱的主張是「全性保眞，不以物累形」（《淮南子・氾論訓》）。他這種主張，也正是莊周的看法。《莊子》中的〈養生主〉主要談的就是全性保眞。他說：

> 吾生也有涯，而知也無涯，以有涯隨無涯，殆已！已而爲知者，殆而已矣。

此處莊子並非反知，而是爲了全性保真，不值得以有涯之生追趨無涯之知。他又說：

> 爲善無近名，爲惡無近刑。緣督以爲經，可以保身，可以全生，可以養親，可以盡年。

不僅在〈養生主〉中，莊子很明白地表達了這種全生盡年的思想，在其他篇章中，也時時透露出這樣意思。例如〈齊物論〉中所言：

> 終身役役，而不見其成功。薾然疲役，而不知其所歸，可不哀邪！

不爲外物所役，也就是楊朱所言的「不以物累形」，而所希望達到的是「天地與我並生，而萬物與我爲一」。要做到這種地步，就是莊子所謂的「真人」。什麼是「真人」呢？

> 古之真人，不逆寡，不雄成，不謨士。若然者，過而弗悔，當而不自得也。若然者，登高不慄，入水不濡，入火不熱，是知之能登假於道者也若此。古之真人，其寢不夢，其覺無憂，其食不甘，其息深深。真人之息以踵，眾人之息以喉。屈服者，其嗌言若哇。其耆欲深者，其天機淺。古之真人，

> 不知說(按：同悅)生，不知惡死，其出不訢，其入不距，翛
> 然而往，翛然而來而已矣。不忘其所始，不求其所終，受而
> 喜之，忘而復之，是之謂不以心捐道，不以人助天，是之謂
> 眞人。(《莊子‧大宗師》)

以上的話，可以兩句話綜括之，即「無欲，順天」。莊子認為只有如此，才可以「全性保眞」，不受物累。莊子似乎對他的言論也很能身體力行，例如〈秋水〉篇中，也記錄了一則類似《史記‧老莊申韓列傳》中所記莊子拒絕出仕的事：

> 莊子釣於濮水，楚王使大夫二人往見焉，曰：願以境內累
> 矣，莊子握手竿不顧，曰：吾聞楚有神龜，死已二千歲矣，
> 王巾笥而藏之廟堂之上。此龜者，寧其死爲留骨而貴乎？寧
> 其生而曳尾於塗中乎？二大夫曰：寧生而曳尾塗中。莊子
> 曰：往矣！吾將曳尾於塗中。

不管這則故事是否為眞，抑且只不過是一則寓言，至少顯示了莊子跟孔孟對出仕的態度是顯然不同的。孔、孟都曾周遊列國，一心要服務社會，學以致用，但莊子雖有人找上門來，仍然寧願曳尾塗中。這種態度，表示了他所重的不是經世致用，而是養性全眞，保持個人的自由與自適。

七、逍遙與齊物

《莊子‧逍遙遊》中的鯤與鵬就是自由的象徵：

北冥有魚，其名為鯤，鯤之大不知其幾千里也。化而為鳥，
其名為鵬，鵬之背不知其幾千里也。怒而飛，其翼若垂天之
雲。是鳥也，海運則將徙於南冥。南冥者，天池也。齊諧
者，志怪者也。諧之言：鵬之徙於南冥也，水擊三千里，搏
扶搖而上者九萬里，去以六月息者也。野馬也，塵埃也，生
物之以息相吹也。天之蒼蒼，其正色邪，其遠而無所至極
邪。其視下也，亦若是則已矣。且夫水之積也不厚，則其負
大舟也無力。覆杯水於拗堂之上，則芥為之舟，置杯焉則
膠，水淺而舟大也。風之積也不厚，則其負大翼也無力，故
九萬里，則風斯在下矣。而後乃今培風，背負青天，而莫之
天閼者，而後乃今將圖南。

大鵬飛翔時的這種偉大氣勢和場面，正足以表明莊子把自由形容
得多麼壯闊，多麼高尚，又多麼值得嚮往啊！

由「逍遙」而「齊物」，看似無關，實則事之兩面。不能齊物，
則無真正之自由可言也。齊物必須破彼此之畛域：

是亦彼也，彼亦是也。彼亦一是非，此亦一是非。果且有彼
是乎哉？果且無彼是乎哉？彼是莫得其偶，謂之道樞。樞始
得其環中，以應無窮，是亦一無窮，非亦一無窮也，故曰莫
若以明。以指喻指之非指，不若以非指喻指之非指也。以馬
喻馬之非馬，不若以非馬喻馬之非馬也。天地一指也，萬物
一馬也。

天地一指，萬物一馬，則無莛與楹之分，厲與西施之別，所以

「道通爲一」。因此也就沒有成與毀之差異,「凡物無成與毀,復通爲一」。逍遙與齊物,其最後的旨歸,仍然在養性全眞。

八、莊子對老子思想的繼承

我們認爲《莊子》一書受了《老子》一書的影響,不只是因爲莊子一再地提到老聃,看做是聖人一類的人物,而是他對道的解釋,與老子大致相同。例如在〈齊物論〉中,他說:

> 道惡乎隱而有眞僞,言惡乎隱而有是非;道惡乎往而不存,言惡乎存而不可。

又如在〈大宗師〉中,他所言的道也跟老子的道類似:

> 夫道,有情有信,無爲無形,可傳而不可授,可得而不可見。自本自根,未有天地,自古以固存。神鬼神帝,生天生地,在太極之光,而不爲高,在六極之下,而不爲深,先天地生而不爲久,長於上古而不爲老。

非但莊子的「道」與老子的「道」類似,莊子對仁義的看法和老子也是一致的。他說:

> 自我觀之,仁義之端,是非之塗,樊然殺亂,吾惡能知其辯?(〈齊物論〉)
> 自虞氏招仁義以撓天下也,天下莫不奔命於仁義,是非以仁

義易其性與。故嘗試論之，自三代以下者，天下莫不以物易其性矣，小人則以身殉利，士則以身殉名，大夫則以身殉家，聖人則以身殉天下。故此數子者，事業不同，名聲異號，其於傷性以身爲殉，一也。（〈駢拇〉）

夫殘樸以爲器，工匠之罪也；毀道德以爲仁義，聖人之過也。（〈馬蹄〉）

試與老子所講的「故失道而後德，失德而後仁，失仁而後義，失義而後禮。夫禮者，忠信之薄而亂之首」比較，其涵義不是相似嗎？都認爲仁義是失道以後的亂象。

至於「聖人已死，則大盜不起」、「聖人不死，大盜不止」（〈胠篋〉）等語，則比老子的言論更爲激烈了。

九、莊子對儒家的背反

《莊子》各篇中常常提到孔子，也借孔子之口說一些莊子想說的話，自然都是屬於虛構的一類，並非眞要表現孔子的爲人和思想。這樣頻頻罵孔子，足見在莊子之世，孔子早已大大有名了。莊子雖然沒有像墨家一般直接來非儒，但是對儒家的學說也絕不附和、更不恭維。在《莊子·在宥》就有這樣的話：

下有桀跖，上有曾史，而儒墨畢起。於是乎喜怒相疑，愚知相欺，善否相非，誕信相譏，而天下衰矣。

在莊子看來，天下之衰，乃儒墨之過也。從「齊物」的觀念出

發，莊子自不能苟同儒家所倡言的「君子」與「小人」或「賢」與「不肖」的差別。在莊子看來，「與其譽堯而非桀也，不如忘而化其道。」（〈大宗師〉）又說「伯夷死名於首陽之下，盜跖死利於東陵之上，二人所死者不同，其於殘生傷性均也。」（〈駢拇〉）為仁義而殉的，儒家稱之謂「君子」；為財貨而殉的，儒家稱其謂「小人」，正是孟子所強調的義、利之辨。但是在莊子看來，「若其殘生損性，則盜跖亦伯夷矣，又惡取君子小人於其間哉？」（〈駢拇〉）

莊子確是在思想上贊同老子，而非議儒家，故司馬遷才說：「作〈漁父〉〈盜跖〉〈胠篋〉，以詆毀孔子之徒，以明老子之術。」（《史記・老莊申韓列傳》）

莊子雖然非議儒家，對孔子本人倒相當客氣，只是借他的口說些孔子不見得能說的話，卻並無貶抑之意。

我們注意莊周的籍貫出身，用意自然是想從他自己的文化背景上來解釋何以他的見解與儒家的如此之遠。這倒並不是說，凡是生長於周文化地區的，必定都具有儒家的思想，而是認為文化背景不同的人，其思想以及文字的風格有別，原本就是一件自然的事。同一文化背景，而思想大相逕庭的，則必要追索他的原因了。

孔、孟以及孔子的主要弟子多半都是魯國人，或近於魯國的地方，這是周公影響最大的地區，也是家族主義最堅強的地區。孝悌、禮儀之受到重視，無疑地多半出於傳統和習俗的薰陶。墨子是宋人，則保持了一些殷商的遺風遺俗。《老子》一書的作者是楚人，便帶出了楚地的特色，而無法自然地認同家族主義中所孕育的孝悌、仁義。莊子雖是宋人，但生於接近楚地的蒙地，因而在先天上容易與儒家異調，他所代表的那種個人主義與自由思想絕對不是儒家弟子可以想像，可以容忍的。

　　老、莊所形成的後世的所謂「道家」，雖然是對周文化的背反，但卻未嘗不可與周文化孕育而來的儒學相輔而相成，所謂仕則儒，隱則道，正是兩千多年來中國知識分子的一體兩面。在一個受過教育的中國人的腦中，似乎早已並存著儒道兩種相反相成的思想，前者代表了自我與人際的關係，後者代表了純粹個人的思維和個人與天地的相處之道。

第十二章
儒家的另一面——法家

一、管仲與商鞅

在中國的歷史上其實並沒有儒法之爭，戰國時沒有，漢以後也沒有。不但儒法同出一源，而且兩方面配合得很好，所謂「外儒內法」，講起學來是儒生，做起官來都成了法家。

法家最早的一位代表人物，大家都認為是管仲。他是齊桓公時代的人，約當西元前六至七世紀，比孔子早了一百多年。那時候不但沒有法家，也沒有儒家，只因為他是位了不起的政治家，又留下了一冊以他的名字撰寫的《管子》，以後的人才覺得他應該算是一位法家的人物。《管子》一書既然不是他寫的，難說能代表他的思想；他輔佐齊桓公稱霸中原，卻是歷史的事實，可見他是有一套辦法的。孔子雖然有一次說管仲「小器」（《論語・八佾》），但總的來說，對管仲是推崇備至的。子路曾經問孔子：齊桓公殺公子糾時，跟隨公子糾的召忽自盡了，同樣跟隨公子糾的管仲卻不死，是否算不仁呢？孔子回答說：

> 桓公九合諸侯，不以兵車，管仲之力也。如其仁，如其仁！
> （《論語・憲問》）

以後，子貢又來問同樣的問題，孔子更斷然地說：

> 管仲相桓公，霸諸侯，一匡天下，民到於今受其賜。微管
> 仲，吾其被髮左衽矣！豈若匹夫匹婦之爲諒也，自經於溝瀆
> 而莫之知也。(同前)

孔子對管仲的事功如此地肯定，主要的原因是從儒家的眼光來看，管仲在行爲上有小誤，卻成大功。正如宋代程顥解釋說：

> 桓公，兄也；子糾，弟也。仲私於所事，輔之以爭國，非義
> 也。桓公殺之雖過，而糾之死實當。仲始與之同謀，遂與之
> 同死，可也。知輔之爭爲不義，將自免以圖後功，亦可也。
> 故聖人不責其死，而稱其功。若使桓弟而糾兄，管仲所輔者
> 正，桓奪其國而殺之，則管仲之與桓，不可同世之讐也。若
> 計其後功而與其事桓，聖人之言，無乃害義之甚，啓萬世反
> 覆不忠之亂乎？(宋朱熹《四書集注》所引)

至於管仲是否眞如程子所言，因公子糾爲弟而不死難，吾人無從證實，至少可以說管仲的行爲沒有違反了周文化的宗法，因此才受到儒家的辯護和推崇。

第二個被後代稱作法家的重要人物是商鞅。商鞅本是衛人，原屬周文化的地區，他是孟子同時的人，他的基本思想應與孟子無大異，只是他比孟子能夠變通，因而才能獲得諸侯的重用。我們知道當日孟子也曾遊說諸侯，見了梁惠王時，他老人家只言義，而不言利，甚至開口就把惠王搶白一頓，所以落得一個話不投機的後果。商鞅就比孟

子靈活多了，他覺得既然要出來做一番事業，就不能不說一些諸侯們聽得進去的言論，據《史記·商君列傳》記載，商鞅終為秦孝公大用，其間有一番周折：

> 公孫鞅聞秦孝公下令國中求賢者，將修繆公之業，東復侵地，遍遂西入秦，因孝公寵臣景監以求見孝公。孝公既見衛鞅，語事良久，孝公時時睡弗聽。罷而孝公怒景監曰：子之客，妄人耳！安足用邪！景監以讓衛鞅。衛鞅曰：吾說公以帝道，其志不開悟矣！後五日，復求見鞅，鞅復見孝公，益愈然而未中旨。罷而孝公復讓景監。景監亦讓鞅。鞅曰：吾說公以王道而未入也。請復見鞅。鞅復見孝公。孝公善之，而未用也。罷而去，孝公謂景監曰：汝客善，可與語矣！鞅曰：吾說公以霸道，其意欲用之矣！誠復我，我知之矣。衛鞅復見孝公，公與語不自知厀之前於席也。語數日不厭。景監曰：子何以中吾君？吾君之驩甚也。鞅曰：吾說君以帝王之道，比三代，而君曰久遠，吾不能待。且賢君者各及其身，顯名天下，安能邑邑待數百年以成帝王乎？故吾以彊國之術說君，君大說之耳！然亦難以比德於殷周矣！

如果以上的記載屬實，那麼商鞅本來也像孟子一樣，先說之以帝王之道，只是他比孟子靈活，知道變通，一見不入耳，即改以霸道說之。又見不十分入耳，最後說以強國之術，終為秦孝公大用。

前文曾言，戰國時代已面臨到傳統的周文化的封建宗法制度逐漸解體，各地的異體文化萌發與之競爭。站在周文化的本位，也會有兩種不同的反應：一是堅持固有的道德禮制，設法恢復原來的秩序；二

是順時應變，在現有的情況下，完成周文化的最高目的——治國、平天下。前者的代表人物是孟軻，後者的代表人物是商鞅。

商鞅所用的強國之術，例如嚴賞罰之令、尚軍功、禁私鬥、獎勵生產、壓抑宗室、明尊卑爵秩等級，有些不合儒家的口味，所以他的辦法不易在東方諸國實行，卻爲秦國所接受。但是他所說的原則，諸如「三代不同禮而王，王伯不同法而霸。智者作法，愚者制焉，賢者更禮，不肖者拘焉。」確也是儒家的一支。

二、上承商鞅下開韓非的關鍵人物——荀子

《商君書》不一定出於商鞅之手，郭沫若就說：「現存《商君書》除〈境內篇〉殆係當時功令，然亦殘奪不全者外，其餘均非商鞅所作。」（郭沫若 1954）根據《史記·商君列傳》的記載，商鞅對事物的看法非常接近荀子。

荀卿是趙人，五十歲時始遊學於齊，齊襄王時最爲老師（《史記·孟子荀卿列傳》）。荀子按理說應該是跟孟子並重的大儒，只因講性惡，主張法後王，而爲後世的儒家所輕。荀子對人性的看法，的確與孟子大不相同。他說：

> 人之性惡，其善者僞也。今人之性，生而有好利焉，順是，故爭奪生而辭讓亡焉；生而有疾惡焉，順是，故殘賊生而忠信亡焉；生而有耳目之欲有好聲色焉，順是，故淫亂生而禮義文理亡焉。然則從人之性，順人之情，必出於爭奪，合於犯分亂理，而歸於暴。故必將有師法之化，禮義之道，然後出於辭讓，合於文理，而歸於治。用此觀之，然則人之性惡

明矣，其善者偽也。(《荀子·性惡篇》)

因爲荀子認爲人性本惡的，所以必須經過「師法之化」、「禮義之道」，然後才會「出於辭讓，合於文理，而歸於治」，也就是強調後天的教育。荀子不像孟子一味推崇堯、舜等先王之道，而主張法後王，用意即在因時應變，所以他說：

故諸侯問政不及安存，則不告也。匹夫問學不及爲士，則不教也。百家之說不及後王，則不聽也。夫是之謂君子言有壇宇，行有防表也。(《荀子、儒效篇》)

但荀子畢竟是周文化影響下的儒家，對於君父特別地尊重，而且主張定於一尊：

君者，國之隆也；父者，家之隆也。隆一而治，二而亂；自古及今，未有二隆爭重而能長久者。(《荀子·致士篇》)

王者有位，又有權，故荀子的〈王制篇〉發揮了王者治國之術。他所謂的「以善至者，待之以禮；以不善至者，待之以刑。」然後「則國家治。」這種言論開出了韓非子的法家思想。

荀子認爲過去的貴族頭銜不能做爲今日榮寵的保障，如要榮寵，非要尊行禮義不可，所以他說：

雖王公士大夫之子孫，不能屬於禮義，則歸之庶人。雖庶人之子孫也，積文學，正身行，能屬於禮義，則歸之卿相士大

夫。(《荀子・王制篇》)

他這種言論與商鞅在秦國所實行的「宗室非有軍功論不得爲屬籍」、「有功者顯榮,無功者雖富無所芬華」等辦法,可說是一脈相承。故荀子本身雖是儒家,卻是上承商鞅,下開韓非的關鍵人物。

三、集法家之大成的韓非

韓非雖然師事荀卿,可是《史記・老莊申韓列傳》說他「喜刑名法術之學,而其歸本於黃老」。在《史記・商君列傳》中,司馬遷也說「鞅少好刑名之學」,可見「刑名之學」在當時已是對後代法家之學的一種稱呼。「刑名之學」既可與儒家相通(如韓非學於荀卿),又可與黃老之學相通(如其歸本於黃老),實在是因其所重者在法術也。

韓非是「韓之諸公子」,出身貴族。他生在戰國末世,正是封建制度崩解、宗法式微、列國爭雄、唯力是尚的時代,因此雖然所學爲儒學,也不能不適應社會的需要而有所變通,而成爲集法家之大成的人物。首先他繼承荀子「法後王」的觀點,認爲「世異則事異」,「事異則備變」,所以他說:

> 上古之世,人民少而禽獸眾,人民不勝禽獸蟲蛇。有聖王作,搆木爲巢,以避群害,而民悅之,使王天下,號之曰有巢氏。民食果蓏蚌蛤腥臊惡臭,而傷害腹胃,民多疾病。有聖人作,鑽燧取火,以化腥臊,而民悅之,使王天下,號之曰燧人氏。中古之世,天下大水,而鯀、禹決瀆。近古之世,桀、紂暴亂,而湯、武征伐。今有搆木鑽燧於夏后氏之

世者，必爲鯀、禹笑矣。有決瀆於殷、周之世者，必爲湯、
武笑矣。然則今有美堯、舜、湯、武、禹之道於當今之世
者，必爲新聖笑矣。是以聖人不期修古，不法常可。（《韓
非子・五蠹》）

這就是韓非對儒家過度推崇堯、舜等先王的一種修正。他的這種
論調，是由現實出發的，容易爲當時的當政者所悅納。既然「聖人不
期修古，不法常可」，所以法家主張因時製法，結果都走上「變法」
的道路。商鞅在秦的「變法」就是非常成功的一次，令秦國富兵強，
而終於吞併了六國。

變法的最重要的目的，就是以法來替代儒家所倡導的禮、義。什
麼是法呢？韓非說：

法者，編著之圖籍，設之於官府，而布之於百姓者也。……
是以明主言法，則境內卑賤莫不聞知也。（《韓非子・難
三》）

法是編好的圖籍，由官府來執行，並且要公布於百姓，使他們知
道什麼是可行的，什麼是不可行的。百姓行端或違禁，要賞罰分明，
才會富國強兵。故曰：

聖人之治也，審於法禁。法禁明著則官法，必於賞罰。賞罰
不阿則民用。官治則國富，國富則兵強，而霸王之業成矣。
（《韓非子・六反》）

如果百姓明知故犯，那就要重重地罰：

> 學者之言，皆曰輕刑，此亂亡之術也。凡賞罰之必者，勸禁
> 也。賞厚則所欲之得也疾，罰重則所惡之禁也急。夫欲利者
> 必惡害，害者利之反也。反於所欲，焉得無惡？欲治者必惡
> 亂，亂者治之反也。是故欲治甚者，其賞必厚矣；其惡亂甚
> 者，其罰必重矣。……今不知治者，皆曰重刑傷民，輕刑可
> 以止姦，何必重哉？此不察於治者也。夫以重止者未必以輕
> 止也，以輕止者必以重止矣。是以上設重刑者而姦盡止，姦
> 盡止，則此奚傷於民也？（《韓非子‧六反》）

甚至進一步，不但主張重罪應重刑，即使輕罪也要重刑。

> 公孫鞅之法也重輕罪，重罪者人之所難犯也，而小過者，人
> 之所易去也。使人去其所易，無離其所難，此治之道。夫小
> 過不生，大罪不至，是人無罪而亂不生也。一曰公孫鞅曰：
> 行刑重其輕者，輕者不至，重者不來，是謂以刑去刑。
> （《韓非子‧內儲說上七術》）

王者除了以賞罰分明的法來治理百姓以外，還必須有術。不過，
法是明的，術卻是暗的，用以操縱群臣。韓非子說：

> 術者，藏之於胸中，以偶眾端，而潛御群臣者也。故法莫如
> 顯，而術不欲見。是以明王言法，則境內卑賤，莫不聞知
> 也，不獨滿於堂。用術，則親愛近習莫之得聞也，不得滿

室。(《韓非子‧難三》)

　　有了法、術，還必須有「勢」，才能治理天下。「堯爲匹夫，不能治三人；而桀爲天子，能亂天下」(《韓非子‧難勢》)，正是無勢與有勢之別也。韓非說：

　　　　勢重者，人主之淵也。臣者，勢重之魚也。魚失於淵而不可復得也；人主失其勢重於臣，而不可復收也。(《韓非子‧內儲說下六微》)

　　這一切法、術、勢，都必須掌握在君主的手裡，不能讓在下位的人窺知，所以權術是神秘的，是令人莫測高深的。君主操持賞罰之權，就可以脅制臣下了。故曰：

　　　　賞罰者，利器也，君操之以制臣，臣得之以擁主。故君先見所賞，則臣鬻之以爲德；君先見所罰，則臣鬻之以爲威。故曰：國之利器，不可以示人！(《韓非子‧內儲說下六微》)

　　韓非所倡言的這種種手段，不過是爲了達到儒家所嚮往的長幼有別、貴賤有等的秩序井然的治世。只是與儒家的目的同，而手段有異而已。

四、法家的治術非民主法制

　　我們把法家看成儒家的一個分支，或者儒家的另一面，正是基於

法家的基本思想乃來自荀卿之故。荀子言性惡，故法家倡重刑；荀子法後王，故法家倡變法，因時制宜。做為儒家一代宗師的荀子跟孟子代表了儒家的兩面：如果孟子代表的是理想主義的儒家，荀子代表的則是現實主義的儒家，他們的文化背景及對宗法社會的維護之心是一致的。

由儒家而來的法家，混合了黃老的權術，所形成的法治思想，與其說是維護人民的權益，不如說是維護君主的權益，所以說法家的策略並不是今日我們所嚮往的「法治」社會，而是教授在位者如何治理百姓的權術。

我們在談到孟子的「民貴、君輕」的思想時，曾經認為並不合乎周文化尊君慕父的傳統，唯一可以解釋的是孟子所謂的「民」，是全體之民，而非個別之民，才不會與儒家的尊卑有別、貴賤有分的觀念相矛盾。至於法家，則絕對地尊君而輕民，沒有一點民主的意味在內，這一點倒是很契合周文化的模式。

後代從政的儒生，多少都會施用法家的策略，而不以為忤，正是因為儒法有互通之處。本文開始時，我們說中國歷史上並沒有真正的儒法之爭，宋朝變法的王安石，也並不代表法家，司馬光做起官來，也自會運用權術。儒法反倒是相輔相成，如有鬥爭，常常是個別黨派的互鬥，而不是理論或實踐上的分歧。

第十三章
中國文化中的陰陽觀

一、二元對比

　　法國社會學的開山者涂爾幹(Emile Durkheim, 1858-1917)在他晚期的著作中，愈來愈強調「集體意識」(conscience collective)對社會的主導力量。他在《社會學方法之原則》(*Les Règles de la méthode sociologique*, 1894)一書中曾舉例說即使將來日本的工業像法國一樣發達，政治像法國一樣民主，日本仍將是與法國不同的另一個社會。(Durkheim 2009)這是他在十九世紀末期所說的話。今日日本的工業果然不再輸給法國，日本的政治也走上了西方民主的道路，但是日本的確仍是與法國極不相同的一個社會。就涂爾幹的話來說，二者儘管生產方式相同，政治制度相同，只因二者具有不同的「集體意識」所以二者畢竟是兩個不同的社會。

　　涂爾幹的「集體意識」，使我們聯想到黑格爾(Friedrich Hegel, 1770-1831)的「精神」(Hegel 1910)，特別是國族的精神、集體的精神。雖然社會學家儘量避免墮入唯心主義的窠臼，但是卻不能不涉及宗教和思想等問題。

　　我們知道由涂爾幹的再傳弟子李維史陀(Claude Lévi-Strauss, 1908-)所發揚的法國「結構主義」(structuralisme)，就奠基在人的思

維中的「二元對比」(binary contrasts)之上。社會中的諸般現象從混沌中浮現出意義，莫不從對比而來。最足以說明這種結構方式的，莫若語言。普拉格學派(Prague school)的語言學家就是從「二元對比」的基礎上來探索語言的架構；例如子音和母音的對比、清音和濁音的對比等。同理，李維史陀在其《親屬的基礎結構》(*Les structures élémentaires, de la parenté*)一書中也是從人類關係的「二元對比」中探索社會的結構，例如舅甥、兄弟姊妹、父對子、夫對妻等(Lévi-Strauss 1949)。

大凡哲學家和社會科學家都體認到「二元論」(dualism)是根植在人類腦中的一種本能，正是因為這種二元的識別能力使人類逐漸地積累了外在世界的知識，造成今日的文明。不過，因為各民族的「集體意識」有別，「二元論」所呈現的方式也並不相同。西方人的「二元論」指的是兩種彼此矛盾、彼此對立的本質，例如精神與物質、善與惡等。中國人的「二元論」則借「陰」與「陽」表現出來。陰與陽不像西方人的精神與物質或善與惡那麼彼此對立，而是起著互補的作用。這使得中國人對外在事物的認知與社會的結構都與西方人大異其趣了。

二、《易經》中的卦與爻

陰陽的觀念最早見於《易經》。《易經》是一本相當古老的書，其主體部分(包括卦辭與爻辭)，大概在春秋初魯莊公二十二年(西元前672年)前已經完成了，其傳文(所謂「十翼」)部分早者可能作於戰國末年，晚者則可能到漢宣帝(西元前73-49年)時代。(蒙傳銘 1973)

《易經》原為卜筮之書，《漢書‧藝文志》即曰：「及秦燔書，

而易爲卜筮之事，傳者不絕。」《易經》雖爲卜筮之書，其中的卦形卻顯示了一種原始的象徵符號。

「卦」乃由「爻」組合而成。「爻」有兩種形狀：—與--。傳統對這種爻的解釋，多認爲前者是陽、是剛、是乾，而後者是陰、是柔、是坤。朱熹則認爲—爲奇數，--爲耦數，奇者爲陽，耦者爲陰（見朱熹《周易本義》中乾、坤二卦）。近人郭沫若在〈周易之製作時代〉一文中則以爲「八卦是既成文字的誘導物。」（郭沫若 1962:70）至於這兩種爻，郭說：「畫一以象男根，分而爲二以象女陰，所以由此而演出男女、父母、陰陽、剛柔、天地的觀念。」（郭沫若 1982）

但是在人類的進化史上，很難說是先有了象徵的符號，才產生符號所代表的象徵意義。倒不如說是先以「二元論」的本能對外在的事物有二元對比的觀察，然後才採用某種象徵符號把這種觀察的結果記錄下來。譬如《周易·繫辭下傳》所說：

> 古者包犧氏之王天下也，仰則觀象於天，俯則觀法於地，觀鳥獸之文與地之宜，近取諸身，遠取諸物，於是始作八卦，以通神明之德，以類萬物之情。

這種解說雖然可以視之爲一種神話，但卻道出了歷史的眞象。包犧（或伏犧）可能並無其人，正像有巢、燧人及神農氏一樣，代表人類進化中的某一個階段。包犧氏所代表的是抽象符號——或者說原始文字——的創製。郭沫若說八卦是「既成文字的誘導物」，是有些道理的。文字是傳達意旨(signifié)的符號(signifiant)，八卦也是傳達意旨的意符。文字所傳達的是吉凶福咎，較爲簡單，卻頗爲深奧。組成八卦的兩種「爻」，就是傳達最原始的意旨的最原始的意符。如果這兩

個符號如郭沫若所說是取象於男根與女陰，也就很符合《周易‧繫辭下傳》所謂的「近取諸身」了。然而郭氏的說法畢竟只是一種猜測，不能成爲定論。同樣，我們也可以說—爻與--爻，是「仰則觀象於天，俯則觀法於地」的結果。或者更簡單的只是代表奇數與偶數而已。不論如何—爻與--爻顯然說明了中國人陰陽對比的觀念在八卦出現以前應該已經存在了。

三、在二元對比中認識世界

《周易‧繫辭上傳》日：

> 天尊地卑乾坤定矣，卑高以陳貴賤位矣，動靜有常剛柔斷矣；方以類聚，物以群分，吉凶生矣；在天成象，在地成形，變化見矣。是故剛柔相摩，八卦相盪，鼓之以雷霆，潤之以風雨，明月運行，一寒一暑，乾道成男，坤道成女。乾知大始，坤作成物。乾以易知，坤以簡能，易則易知，簡則易從。易知則有親，易從則有功；有親則可久，有功則可大；可久則賢人之德，可大則賢人之業。易簡而天下之理得矣。天下之理得，而成位乎其中矣。

以上這一段中充滿了二元的對比；天—地、乾—坤、高—卑、貴—賤、動—靜、剛—柔、方—物、吉—凶、雷霆—風雨、日—月、寒—暑、男—女、易—簡、知—能、親—功、久—大、德—業等，無不是從二元對比中顯現其意義。我們對世界的認識就是從對比開始的。

四、陰陽相輔相成而非矛盾對立

但是在《易經》中所呈現的以陰陽爲基礎的二元對比，並不像西方人的「二元論」中的精神對物質、善對惡那般緊張對立的態勢，而是起著互補的作用，可以說是相輔相成的。我們在此仍引用《周易·繫辭上傳》的話：

> 是故易有太極，是生兩儀；兩儀生四象，四象生八卦；八卦定吉凶，吉凶生大業。

如果說太極代表的是混沌狀態，兩儀就是從混沌中躍出的陰陽了。陰陽不但不緊張對立，而且共同生出四象。四象指的是金木水火四種元素，代表了基本的物質世界。八卦的符號當然象徵著外在的物質世界了。由此我們才可以了解到「一陰一陽之謂道」的道理。道是一個圓融的整體，必須要陰陽合和才能達成圓滿的境地。陰需要陽來完成道，陽也要靠陰來達到同樣的目的。二者成爲彼此依附的關係、互爲消長的關係。正如後世太極圖所呈現的形象：

中國人對自然界的觀察，基本上是以陰陽來區分的，如日—月、山—河、山南—山北等。對自身及鳥獸則分男—女、雄—雌、公—母等。但是這些觀念仍然是互補，而非對立的。因此婦女雖然在中國的傳統社會中沒有男人所具有的權力和地位，但是也受到應有的尊重；

特別是當女人升到母親的地位的時候，權力會超過了子侄輩的男性。這也可能就是為什麼「女性主義」不曾產生在中國的社會，而到今日中國的女性仍不十分熱衷於「女性主義」的原因吧？

在政治上，西方人視民主政治中的兩黨對立或兩黨矛盾是一種正常或本應如此的現象；中國人雖然也接受了西方的民主制度，但運作起來的時候，總企圖要與對立的黨達成某種共識，以便造成一種合作的印象，雅不願面對劍拔弩張的對立態勢。

西方人觀念中的二元對立也有結合的時候，不過那是辯證法式的正、反、合，也就是兩個一正一反的敵對力量，在一方戰勝，另一方失敗的情形下才能達成「合」。而這種「合」也不過是為了滋生另一個新的「反」的暫時狀態。所以在西方人的觀念中二元的對立、矛盾和鬥爭是常態，「合」反倒是變態。這是中國人在心理上不易接受的。

中國人的陰陽對比，不管如何變動，都不會彼此相剋，而是如太極圖中所表現的那種彼此依附互為消長的狀貌。

由此觀之，中國的生產方式即使成為像西方國家一樣的工業化，中國的政治制度即使也是多黨的民主政制，中國的家庭即使也是一夫一妻的小家庭，恐怕中國永遠是中國，而不是第二個美國，中國人的「集體意識」畢竟有她的獨特之處。這一種觀點可能是對馬克思主義的一種挑戰，因為馬克思主義者認為下層建築決定上層的意識型態。未來的中國人怎麼想，取決於怎麼做？還是怎麼做，取決於怎麼想？這個問題是無法驟下結論的，在中國人看來，這又是一種陰陽互為消長的關係。

第十四章
秦文化的興起與消弭

一、秦民族起源的神話與秦文化的特質

　　《史記·秦本紀》對秦的記載是「秦之先，帝顓頊之苗裔。」按照《史記》的說法，夏與秦爲顓頊之後（禹的父親鯀是顓頊的兒子），而商與周爲帝嚳之後（商的先祖契與周的先祖后稷是堯的兄弟，都是帝嚳的兒子），二者又都爲黃帝之苗裔；也就是說，夏、商、周、秦四代均出於黃帝。（顓頊是黃帝之孫，帝嚳是黃帝的重孫）。今日看來，商以前的史跡既然古遠而未明，與其信其爲史實，不若視之爲一種信仰。這種信仰應該來自周之「宗法」。周代的「宗法」既是一種社會制度和人倫觀念，也滲入政治與宗教，自然會影響到人們的史觀。在宗法思想的籠罩下，歷史的傳承就是一個宗法系統的延續，那麼夏、商、周、秦勢必要納入這一宗法的系統，始可具有名分、地位，而爲在周文化薰陶下的人們理解。這就是爲什麼，《史記》一觸及到遠古帝王的出身，就遠離了史實，而進入神話的領域。

　　今日來研究秦的族群原始以及秦的文化特質，並不是件容易的事，因爲不但在戰國時代秦文化早已與東方的文化——特別是周文化——發生混融，而且經過漢以後的累累修飾與詮釋，原始的有關秦文化的記載也早已面目全非。今日能夠據以窺秦文化面目的恐怕只有

《石鼓文》、《急就篇》和《詩經‧秦風》寥寥幾項文獻而已。

秦國原處西垂，而且建國較晚，據侯外廬《中國古代社會史論》中說：

> 「秦」字銘文作▦，象森林區域，參照《史記》所說的「好馬及畜，善養息之」，「畜多息，故有土」（〈秦本紀〉），這個秦字是象徵了遊牧生活。（侯外廬 1955:354）

《詩經‧秦風》中講到「有馬白顛」、「四馬既閑」、「俴駟孔群」等與馬有關的事，《石鼓文》和《急就篇》裡更是充滿了馬字以及由馬而延伸的字，可見馬在秦人的生活中是很重要的。秦先人名非子者，居犬丘。《史記‧秦本紀》言：「好馬及畜，善養息之。犬丘人言之周孝王。孝王召使主馬于汧渭之間，馬大蕃息。」據此，秦人原以養馬或遊牧為主，應該是可信的。

但是秦和周的關係，是否即如《史記‧秦本紀》所言「平王封襄公為諸侯，賜之岐以西之地」，卻是可疑的。《史記》的記載毫無疑問乃出自於周本位的觀點，秦居西垂，為獨立的王國，並不需要受周之封爵。侯外廬引秦盅和鐘所載：「秦公曰，丕顯朕皇祖，受天命，奄有下國，十有二公不墜」等語(侯外廬 1955:354)，口氣是「受天之命」，與周之文武受天之命同，非受周王之賜而建國。至於自秦襄公始國之後，與東方諸侯開始通使聘享之禮，則是可能的。秦的文化本接近西戎，自然不如東方諸國文明，自與東方諸侯通聘往還之後，逐漸接受東方文化——以周文化為主——的影響，也是自然的發展。

秦到了繆公，國勢已經相當強盛。那時不但與東方諸國交往頻繁，而且也已經加入了諸侯之間的婚媾聯姻，譬如秦繆公娶的是晉太

子申生的姐姐，繆公的女兒又嫁給了晉文公。這種情形正如近世紀歐洲的王室彼此婚媾一般，在下層社會，各國的文化區分至爲顯明，但是到了上層社會，在血統上卻形成一家人。秦國固然已與東方諸國關係密切，但是尚保有幾項與東方迥異的特色：第一、所用的文字不同。王國維曾經指出在戰國時代，秦國用的是籀文，六國通用的是古文（王國維 1994）。第二、無宗法制度。最明顯的例子是秦德公生子三人，長子宣公、中子成公、少子繆公。德公卒，長子宣公繼位。宣公卒，生子九人都未繼位，而由其弟成公繼位。成公卒，有子七人也都未繼位，而由三弟繆公繼位。如果在重宗法的社會中，這種連續性地兄終弟及是不可能的。第三、因爲沒有嚴格的宗法制度，所以權力容易集中在國君的手裡，易於變法革新，也容易施行暴政。第四、以養馬遊牧爲主的宗族在戰備上佔有優勢。

二、商鞅變法與秦國的暴起

前人都以爲秦國雖強，終能剷滅幅員廣大的東方諸國，是靠了「遠交近攻」連橫策略的成功。其實在連橫策略的背後，則是商鞅變法爲秦國建立了富強的社會基礎以及軍備的堅強。

商鞅本衛人，何以在東方諸國無施其技，而獨能成就於秦？除了因緣際會以外，因爲東方諸國都背負有沉重的歷史包袱，變革甚難，正如近代的中國，因歷史包袱沉重，維新變法均落於日本之後，再加上恰恰遇到秦孝公具有重修繆公之業、東復侵地的野心，下令求賢，於是商鞅得以在秦國脫穎而出，大展鴻圖。

在君主掌權的時代，如若君主本人沒有變革之心，再有才智之士，也是枉然。秦國變法的主導者是孝公，即若沒有商鞅，也終會有

其他的才智之士出現。但若無孝公的野心和主導，縱有百千個商鞅也無濟於事。據《史記‧商君列傳》記載，商鞅初見孝公，說之以帝道、王道，均話不投機，直到說之以強國之術，才贏得孝公的龍心大悅。

商鞅變法的基本理論是「論至德者，不合於俗；成大功者，不謀於眾。是以聖人苟可以彊國，不法其故；苟可以利民，不循其禮。」這種言論絕對不合尊重傳統制度的東方諸國，但卻恰恰說到秦君的心眼裡去，正如王國維所言「秦之政治文化皆自用而不徇人，主今而不師古。」（王國維 1994）孝公於是任命商鞅爲左庶長，大力變革舊制，推行新法。其所推行的重要新法令，計有：

一、令民爲什伍，而相收司連坐；

二、不告姦者腰斬，告姦者與斬敵同賞，匿姦者與降敵同罰；

三、民有二男以上不分異者，倍其賦；

四、有軍功者各以其率受上爵，爲私鬥者各以輕重被刑大小；

五、僇力本業耕織致粟帛多者，復其身，事末利及怠而貧者舉以爲收孥；

六、宗室非有軍功論不得爲屬籍；

七、明尊卑爵秩等級各以差次，名田宅臣妾衣服以家次，有功者顯榮，無功者雖富無所芬華。

令初行，有的人抱怨說新令不便，這些人均被遷至邊城，以後就沒有人敢議論了。法令執行得很嚴格，太子犯法，雖因君嗣之故不可施刑，但刑他的師傅公子虔和公孫賈。從此，無人敢冒犯法令。行之十年以後，「秦民大悅，道不捨遺，山無盜賊，家給人足，民勇於公戰，怯於私鬥，鄉邑大治。」

以今日的眼光來看，商鞅所行的是軍國主義，把全國的人民都變

成有效力的生產者和勇敢的戰士，同希臘時代的斯巴達以及二次大戰時的德、義、日所行的方略類似。其實這樣的策略對短時間的富國強兵一定有效，可是對一個民族長期的文化發展，則可能有害而無利。所以秦國可因商鞅的變法而富強，終至侵吞六國，秦國的文化卻不能因商鞅的變法而開花、結實，而發展、傳播。

商君以變法而隆顯，也因嚴刑峻法而自斃。孝公死後，太子繼位，受過商君之刑的太子黨自然起而報復。商鞅逃到邊關，客舍因畏懼商君之法而不敢納陌生人；奔至魏國，魏國因受過商鞅之欺詐，也不肯收容。最後商鞅以商邑邑兵攻擊鄭國，以求脫身，終逃不脫秦兵的追捕（秦兵的強悍有效又是商君之法所造成），最後被秦惠王車裂而死，全家均與之殉滅。

三、秦滅六國，統一天下

秦惠王時以張儀為相，採取遠交近攻的連橫策略，益加削弱了六國的力量。以後經過武王、昭襄王、孝文王、莊襄王五世的鯨吞蠶食，終於在始皇二十六年（西元前221年）滅了六國，統一海內，並劃分天下為三十六郡，在中國的歷史上建立了第一個中央集權的王國。

秦累世與東方六國戰爭是非常慘烈的，每次大規模的交戰，動輒斬首數十萬。其中最為慘烈的兩次戰爭，一是昭襄王十四年，左更、白起攻韓魏於伊闕，斬首二十四萬；二是昭襄王四十七年，秦使武安君白起擊趙，大破趙軍於長平，四十餘萬趙軍盡殺之。秦人如此善戰，又如此殘酷，難怪要使東方諸國喪膽。

在東方諸國人的眼中，秦人既強又暴，猶如虎狼。東方諸國並非沒有豐富的資源，也並非沒有傑出的人才，所以仍然為秦所滅，恐怕

還是由於歷史包袱沉重，變法不易，武備因而不足。秦又踞有進可攻退可守的地勢，在戰爭中佔了優勢。賈誼曾經慨嘆說：

> 嘗以十倍之地、百萬之眾，叩關而攻秦。秦人開關而延敵，九國之師，遁逃而不敢進。秦無亡矢遺鏃之費，而天下諸侯已困矣。於是從散約解，爭割地而賂秦。秦有餘力而制其弊，追亡逐北，伏屍百萬，流血漂櫓，因利乘便，宰割天下，分裂河山，彊國請伏，弱國入朝。施及孝文王、莊襄王，享國之日淺，國家無事。及至始皇，奮六世之餘烈，振長策而御宇內，吞二周而亡諸侯，履至尊而制六合，執敲扑以鞭笞天下，威振四海。（賈誼：〈過秦論〉）

四、焚書坑儒的真正意圖

秦國在統一天下之後，所實行政策，不過是秦政的擴大而已，與東方的傳統、習俗肯定不合。再加上戰勝者對戰敗地區的高壓手段，在東方諸國人民的心目中就是所謂的暴政了。在中國歷史上，秦所施行暴政的主要象徵是「焚書坑儒」。

焚書坑儒，就史書所記，似乎是秦始皇個人暴虐行為的外在表現，其實仔細分析起來，並非如此簡單。焚書的起因是，在始皇三十四年時，咸陽宮中召集了一次御前的博士會議。僕射周青臣首先發表了一番「陛下神靈明聖，平定海內，放逐蠻夷，日月所照，莫不賓服」的拍馬頌辭，把秦始皇拍得眉飛色舞。但不幸的是有一位不識相的博士齊國人淳于越也上前進他的忠諫說：「臣聞殷周之王千餘歲，

封子弟功臣自爲枝輔，今陛下有海內而子弟爲匹夫，卒有田常六卿之臣，無輔拂何以相救哉？事不師古而能長久者，非所聞也。今青臣又面諛以重陛下之過，非忠臣！」

這番話說得實在掃興之至。秦始皇當時保持了風度，尚未像毛澤東似地在人代會中一言不合即對梁漱溟破口大罵。秦始皇把這件事情交給丞相李斯去研議。李斯的意見就等於是一紙焚書令，他說：

> 五帝不相復，三代不相襲，各以治非其相反，時變異也。今陛下創大業，建萬世之功，固非愚儒所知，且越言乃三代之事，何足法也？異時諸侯並爭，厚招游學。今天下已定，法令出一，百姓當家則力農工，士則學習法令辟禁。今諸生不師今而學古，以非當世，惑亂黔首。丞相斯昧死言，古者天下散亂莫之能一，是以諸侯並作，語皆道古以害今，飾虛言以亂實，人善其所私學，以非上之所建立。今皇帝并有天下，別黑白而定一尊，私學而相與，非法教人，聞令下則各以其學議之，入則心非，出則巷議，夸主以爲名，異取以爲高，率群下以造謗，如此弗禁，則主勢降乎上，黨與成乎下，禁之便。臣請史官非秦紀皆燒之，非博士官所職，天下敢有藏詩書百家語者，悉詣守尉雜燒之，有敢偶語詩書棄市。以古非今者族，吏見知不舉者與同罪。令下三十日不燒，黥爲城旦。所不去者，醫藥卜筮種樹之書。若欲有學法令，以吏爲師。（《史記・秦始皇本紀》）

李斯的意見，所謂「五帝不相復，三代不相襲」，其實也正是商鞅變法時的意見，更與秦文化之「自用而不徇人，主今而不師古」相

合。淳于越所說的話，完全是周文化的觀點，與秦人的思想可說是扞格不入。如果李斯也持有這種看法，不但他的意見不會被接納，甚至他根本不能居丞相之高位。李斯建議燒書，背後應該正是秦始皇的意思，目的是在廢除周文化的影響。李斯建議所燒的書是詩書百家語，正是有關乎意識型態文化思想的資料。至於科技一類的醫藥卜筮種樹之書則不燒。這是秦文化對周文化宣戰的一種重要的戰略。

坑儒則是繼焚書而來的策略。侯生、盧生因不滿始皇作爲而逃亡只是導火線而已。實則始皇很怕這些受儒家思想薰陶至深的知識分子「爲妖言以亂黔首」，於是在侯、盧逃亡的藉口下使御史案問留居咸陽的諸生，以犯禁之名把四百六十多個儒生都活埋了。

焚書坑儒實在是爲了削除周文化的影響，擴展秦文化的勢力。除此之外，一法度、車同軌、書同文、改封建爲郡縣也是同一目的。不過後者沒有牽扯到塗炭生命，未被史家稱爲暴政，且認爲是爲嗣後中國的統一建了大功。

五、秦文化的敗北

始皇二十六年侵吞六國，平定天下，三十七年崩逝，在位不過十一年。秦二世胡亥於西元前209年繼位後，立刻面臨到群雄並起的局面，已經掌握不住秦帝國的大勢了。群雄中的兩個主要勢力楚與漢，相爭也不過兩年的光景，到了西元前206年，劉邦就又再度統一宇內，建立了漢朝。

劉邦建國以後，在法令制度上繼承了一些秦法，但是他畢竟是周文化孕育下的人，他一面行郡縣之制，一面也分封功臣子弟，可以說是又恢復了周代的宗法制度。到了漢武帝明令「罷黜百家，獨尊儒

術」，是儒家的大勝利，也是周文化的大勝利。秦人雖國富兵強，但在文化上卻處於弱勢，正如以後蒙古人、滿州人之統一中國，只在武力上取勝，文化上卻是慘敗的一樣。秦文化中有些因素，像籀文、度量衡、車軌之制，肯定與周制混融而成為中國文化的一部分，但在意識型態上卻不得不讓位於周文化，使周代的宗法制度、家族倫理成為嗣後中國文化的主流。

第十五章
周文化的復起與鞏固

一、漢興與周文化的復起

　　周文化在戰國時代的兩百多年間，遭遇到異體文化的衝擊，其中最顯著的是商文化的遺緒和新興的楚文化、秦文化。但是因為這些異體文化也早與周文化折衝混融有年，因此在異中也有同。其中對周文化威脅性最大的可說是秦文化。焚書坑儒應該是秦始皇居心摧折周文化的具體行動。可惜秦朝在統一六國後，短短的十五年就滅亡了，使秦始皇萬世的宏圖未能得逞，否則中國文化的發展可能是另外一副面目。

　　劉邦在群雄逐鹿中原中獲勝，建立了漢朝。雖然劉邦本人並不尊重儒家，甚至曾經故意戲辱儒生，但是他畢竟是東方人，素受周文化的薰陶，所以自漢朝建立以後，無形中周文化又取得了優勢，而代表周文化的儒家也慢慢地抬起頭來了。

　　漢高祖劉邦統一天下後，最重要的作為就是建立制度，他任命蕭何定律令，韓信定軍法，張蒼定曆法、度量衡，叔孫通定朝儀。在這些制度中當然對秦朝的制度有所繼承。即以儒生叔孫通為例，他所定的朝儀，是實行儒家的禮法，但是周代的禮法到了漢初已多所散失，不得不「采古禮與秦儀雜就之」（見《漢書‧叔孫通傳》）。

　　當時與高祖共同打天下的諸侯王雖然共尊高祖爲皇帝，但並不見得心悅誠服，朝會宴飲，不免醉酒爭功，狂呼亂喊，甚至按劍擊柱，頗有越禮的行爲。叔孫通定了朝儀以後，幾經演練，居然「竟朝置酒，無敢讙譁失禮者」，終於解決了這個問題。這時候高皇帝才眞正感覺到做皇帝的尊嚴，因此立刻拜叔孫通爲奉常之官，並賜金五百斤。叔孫通乘機爲他的參與制作演練朝儀的儒生弟子求官，高祖均拜爲「郎」的官職。這是儒生的一大勝利，比起秦代的焚書坑儒來，不可同日而語了。

二、封建與宗法制度的恢復

　　漢初的另外一大恢復周制的措施是在保留秦時的郡縣以外，又實行了周代的封建。漢高祖劉邦與項羽在垓下的決戰，主要依靠的是韓信、彭越、英布等幾員大將的力量。這幾員大將都有據地稱王的實力，因此漢王在做了皇帝以後，也不得不順應情勢封他們爲王。當時封王的功臣和霸主有楚王韓信、梁王彭越、淮南王英布、韓王信、長沙王吳芮、趙王張敖、燕王臧荼、閩越王無諸和南粵王趙陀。

　　正像周初的封建一樣，除了功臣以外，主要分封的對象還是同姓的子弟，譬如封兒子劉肥爲齊王、劉長爲淮南王、劉建爲燕王、劉如意爲趙王、劉恢爲梁王、劉恆爲代王、劉友爲淮陽王，弟弟劉交爲楚王、姪劉濞爲吳王。

　　其中同姓王的領國與異姓王相同的，那是因爲異姓的王一個個相繼爲高祖消滅了，而代之以同姓之王。高祖與呂后對異姓的王很不放心。事實上異姓諸王本具有實力，野心較大，動不動就有謀反的企圖，或形成割據的局面，威脅到中央政權的統治，不能不予以割除。

楚王韓信被廢之後，曾經感慨地說：「狡兔死，良狗烹；高鳥盡，良弓藏；敵國破，謀臣亡；天下已定，我固當烹。」（見《史記‧淮陰侯列傳》）。

嗣後漢代只分封同姓之王，而不再封異姓之王。呂后時欲封呂氏兄弟爲王，問右丞相王陵，王陵說：「高帝刑白馬盟曰：非劉氏而王，天下共擊之。」（見《史記‧呂后本紀》）雖然呂后封了呂氏王，但最後召來的卻是殺身之禍。可見當日一般人忠於一姓的觀念相當深刻。

漢恢復封建，與周代的封建已不相同，其中混合了郡縣的制度，而且各封國的主要官吏爲中央政府所派遣，封號也時有被廢的可能，所以漢朝的政治，在封建之中仍不失爲一中央集權的政府。

封建的恢復，表示了漢朝不完全繼承秦的制度，更認同周制，同時也加強了宗族的親和力。

宗法制度在漢朝也恢復了。按照宗法制度，王位的繼承是父子相傳，而非兄終弟及。所傳的子乃以嫡長子爲優先。高祖的長子劉肥，因爲非皇后呂氏所生，不能算嫡子，那麼孝惠帝就是嫡長子了，也就是當然的太子。但因孝惠爲人仁弱，很不得高祖的歡心。高祖寵愛戚姬，因而也就特別喜愛戚姬所生的如意。曾經有好多次高祖想廢太子，改立如意。幸賴太子太傅叔孫通力爭以及張良的策略，孝惠才得保住太子之位。

叔孫通所以以「頸血汗地」之言力爭，一則是因爲身位太子太傅有切身的利益，二則也是嚴守宗法制度的原則。張良的計策是要太子卑詞安車以迎四皓。四皓爲當時德高望重的老者，在敬老尊賢的周文化傳統中四個老人的分量是很大的。高祖見到太子身邊有四皓相陪，才打消了廢立太子的念頭。

惠帝時，皇后無子，佯爲有身，取後宮美人子，殺其母，立爲太子。惠帝死後，太子繼位，稍長，略聞自己身世，發出不平的怨言而爲呂后幽殺。呂后之亂後，諸大臣均知呂后時所立的少帝及其他惠帝的諸子，都不是惠帝的眞正兒子，按照宗法制度的次序，在惠帝無後的情形下，有兩個人有優先的繼承權：一個是高祖的庶長子劉肥的嫡長子齊王，另一個則是高祖的第四個兒子代王恒。所以輪到代王劉恒，因爲他的三個哥哥劉肥、孝惠帝和趙王如意都已去世，他就是最長的了。齊王雖是長孫，但不是嫡長孫，又因爲齊王母家駟鈞惡名昭彰，諸大臣怕蹈呂氏專權的覆轍，因而最後決定迎代王恒即位，是爲文帝。

繼文帝位的孝景皇帝啓雖本非文帝嫡長子，但孝文帝的第一個皇后及其所生的三個兒子俱皆死亡，所以才輪到孝景帝做太子，孝景帝的母親竇氏也母以子貴被立爲皇后。如此一來，孝景帝即爲名義上的嫡長子了。

孝景帝時因爲廢了嫡長子栗太子，按理應以次長的王子爲太子。但是景帝立了膠東王的太后爲皇后，使膠東王徹升爲嫡長子的地位，因而被立爲太子，是爲武帝。

從漢初太子的廢立及王位的繼承上看來，宗法制度扮演了一個重要的角色。不管繼位的是否眞正的嫡長子，總要設法扮成嫡長子的地位，然後再來立爲太子，繼承王位。

三、從黃老得勢到罷黜百家

漢初基本上雖承繼了周文化的遺緒，但代表周文化精神的儒家的發展卻也波波折折。自從叔孫通獲得高祖的賞識之後，儒生似乎是抬

起頭來了。但是文景時代，黃老刑名之學及陰陽五行之學頗為盛行，儒學的博士並沒有受到應有的重視。孝文帝的皇后竇氏好黃老，甚至排斥儒學。在景帝時，竇太后有一次召見詩博士轅固生問老子書，轅固生很輕蔑地說：「這是家下人之書！」竇太后立刻怒駁說儒家書為罪犯之書，並且罰轅固老先生下豬圈去跟豬決鬥。幸虧景帝解圍，叫人拿給轅固老先生一把利刃，才得把豬刺死，而未被豬咬傷。到了武帝時，有趙綰、王臧等儒生在顯達後倡言立明堂、封禪等事，又觸犯了討厭儒術的竇太后，後者使人暗暗伺察到趙、王的一些不法之事，逼令二人自殺了。儒學和儒生真正受到皇家的重視，是竇太后去世以後的事。

漢武帝是振興儒學的關鍵人物，因為他實行了罷黜百家，獨尊儒術的政策。然而武帝是一個相當複雜的人物，他一面野心勃勃，好大喜功，一面又非常迷信方術之士。例如他先迷信齊人少翁，封為文成將軍，後又迷信方士欒大，封為五利將軍、樂通侯，且把衛長公主許配給他。後來二人的騙局拆穿了，未脫被誅的命運，但亦足見漢武帝正像秦始皇一樣，希冀借神仙之力而得長生不死。

在武功方面，漢武帝一改漢初和親的妥協政策，以武力驅逐匈奴，又以武力通西域；在文治方面，就是採用策問的方式拔擢了優秀的儒生，並且置五經博士。

最著名的兩個儒生是董仲舒和公孫弘。董仲舒在對策中竭力推崇孔子，稱孔子為素王，大大抬高了儒家的地位。在儒學傳承上董仲舒有承先啟後的重要作用。班固在《漢書・董仲舒傳》中贊之曰：

> 仲舒遭漢承秦滅學之後，六經離析，下惟發憤，潛心大業，令後學者有所統壹，為群儒首。

公孫弘據說學問不及董仲舒淵博，但官運卻比董仲舒亨通，曾任御史大夫、丞相，並被封爲平津侯。

他們二人最大的貢獻是建議在京師立太學，五經博士當教授，從學的正式博士弟子五十人，各郡保薦的博士弟子名額不定。博士弟子每年大考一次，考上中的即可出任官吏，考下等的罷黜退學，開了以後我國科舉制度的先河。漢昭帝時，把博士弟子的名額增加成一百人，漢宣帝增加成二百人，漢元帝時擴大到一千人，到了漢成帝，居然增加到三千人了。可見博士弟子的出路越來越看好。

四、孔子原型的形成

漢代所承續的周文化，已經雜揉了其他文化的影響，不能說是純粹的周文化，但是周文化的主體，如宗法制度、家族主義、敬老尊賢、重男輕女等都沒有改變。漢朝興水利、創製新農具，實行代田法，仍然是以農業爲主、工商爲副的規模。在這樣的下層建構中，以上所言的上層的意識型態得以穩固下來。

而上層的意識型態又經過儒學的渠道加以傳播發皇。在漢武帝時，儒學已經取得主導的地位，孔子的形象如日中天，在《史記》中，撰有孔子世家、仲尼弟子列傳、儒林列傳，對孔子及儒家推崇備至。

據說孔子死後，除了弟子廬墓盡哀以外，魯國人遷居至墓塚附近的有一百多家，因而形成孔里，大概就是今日的曲阜了。魯國世代相傳，每年都有祭孔的禮節，儒生們也在孔墓舉行講禮、鄉飲、大射等活動。後世並建築廟堂，收藏孔子的衣冠琴書車等器物。中國可以說是世界上最早爲名人建立紀念館的國家。漢高祖經過魯國時，曾以太

牢祭孔。以後諸侯卿相在從政以前，也有先謁孔陵的習俗。西漢二百
多年，香火不斷。太史公在《史記‧孔子世家》中稱贊孔子說：

> 詩有之，高山仰止，景行行止，雖不能至，心鄉往之。余讀
> 孔氏書，想見其爲人。適魯，觀仲尼廟堂、車服禮器，諸生
> 以時習禮其家。余祇回留之不能去云。天下君王至于賢人眾
> 矣，當時則榮，歿則已焉。孔子布衣，傳十餘世，學者宗
> 之，自天子王侯，中國言六藝者，折中於夫子，可謂至聖
> 矣！

　　孔子的盛名，應該是秦末漢初當儒學在繼絕存亡的關頭爲儒生竭
力宣揚的結果，遂使孔子成爲儒家的偶像。至漢武帝，儒學獨尊以
後，孔子則成爲全國士人學者的偶像。
　　爲什麼獨獨孔子超出於先秦諸子之上，而成爲中國學術文化的偶
像呢？我想主要的是因爲儒家代表了周文化，而周文化秦後復起，經
西漢二百多年大爲鞏固，孔子的形象遂凝成周文化的一個「原型」，
就如同耶穌的形象代表基督教文明的一個原型一樣。

第十六章
家族倫理的政治化——釋《孝經》

一、中國的文化核心

人類學家史徒華(Julian H. Steward, 1902-1972)在「文化生態學」(cultural ecology)的討論中,提出了「文化核心」(cultural core)的概念。他說:「文化核心的概念,指謂與生產與經濟活動最有關聯的各項特質之集合。實際證明與經濟活動有密切關聯的社會、政治與宗教模式皆包括在文化核心之內。」(史徒華 1984:45)

中國的「文化核心」不容諱言的是農業生產和家族主義。中國在遠古的時代是否曾有過「母系氏族」這一個階段雖然不敢斷言,但按常情推斷,在婚媾制度尚未固定、父權尚未建立之時,存在有以母親為中心的族群,也並非沒有可能。因此,有些學者像郭沫若者,即大膽斷言「仰韶文化屬於母系氏族公社的繁榮階段,龍山文化屬於父系氏族公社階段」。(郭沫若 1976:33)龍山文化即是考古學上所謂的「黑陶文化」。據參與發掘山東龍山鎮城子崖遺址的梁思永斷定,黑陶文化應在夏代中葉至殷商末葉。(石璋如 1954:32)也有的學者認為龍山文化早於夏代,夏代是從龍山文化過渡到殷商文化的時期。(裴文中 1955:60)無論如何,遠在夏、商兩代已進入父系社會,是不容置疑的。這也可以參證《莊子·盜跖》篇中所謂「神農之世,民知其

母，不知其父」的話。神農是夏、商以前的神話時代。所以可以說中國進入可考的歷史階段，就已經是父系的社會了。

父系社會的特徵是由父親掌權、妻從夫居、男性繼承。以上幾項跟生產的方式，有連帶的關係。畜獵的生產和農業的生產都以體力較強的男性為主，權力在生產的過程中落入男性手中，可說是一種自然的發展。到了農業生產為主的時代，居有定點，妻於是進入夫家，而成為夫家的一員，反倒跟自己生活的家庭日漸疏遠。在農業生產中，因為要保有原有的耕作面積，遂形成長子繼承制。這都是在周代形成的文化核心。

與經濟生產活動相輔相成的倫理觀念就是維護家族團結和父親權威的孝悌之道。對「孝」的觀念加以神聖化和教條化的則是儒家。

二、假借孔子之名的《孝經》

在《論語》中，孔子的弟子已經對「孝」加以大事發揮，認為是人的行為的基本原則。漢代出現《孝經》一書，引申了孝的家族倫理和政治倫理間的相輔相成的關係。

《孝經》相傳為孔子所作，因為《漢書·藝文志》中說：「孝經者，孔子為曾子陳孝道也。」我們知道孔子述而不作，而且《孝經》首章所言「仲尼居，曾子侍」，非孔子的語氣，這本書當然不可能出於孔子之手。《四庫全書總目提要》云：

> 今觀其文，去二戴所錄為近，要為七十子之徒之遺書，使河間獻王采入「記」百三十一篇中，則亦《禮記》之一篇，與〈儒行〉、〈緇衣〉轉從其類。

　　漢初的經書，書名中均無「經」字。像《詩經》、《易經》，《書經》中之「經」均爲後人所加，以示其重要。《詩》、《書》、《易》、《禮》、《樂》、《春秋》稱之爲「六經」，最早似乎見於《莊子・天運》篇中孔子對老聃說：「丘治詩、書、禮、樂、易、春秋六經」等語。章太炎曾說「經」是以絲編綴竹簡的通稱，這大概是「經」的原義。但是漢以來所稱之「經」，就已經是《文心雕龍・宗經篇》所謂的「經也者，恆久之至道，不刊之鴻教也。」「經」之重要可想而知。在十三經中，唯獨《孝經》一書，自書名出現以來，即含有「經」字在內，此足以說明《孝經》成書當在「經」字用作重要典籍的意義通行以後，也就是說不會早於漢初。

　　《孝經》一書，大概是漢代的儒生假借孔子之名以張揚孝道的作品。其中或者容納了七十子經由荀卿遺傳下來的言論。這本書被後世儒生納入重要經典之中，因而發揮了相當的影響力。

三、事親、事君與立身

　　《孝經》共有十八章，從第一章至十八章，幾乎全部是關於把「孝」的行爲延伸到經世治國的層面。

　　第一章開宗明義應該視爲全書的序言。假設孔子教誨曾子，其中對孝有三層意義的申述：一是說明孝的重要（「夫孝，德之本也」）：二是申述最起碼的孝行（「身體髮膚，受之父母，不敢毀傷，孝之始也」）和孝的極致（「立身行道，揚名於後世，以顯父母，孝之終也」）；三是闡釋孝的歷程和範圍（「夫孝，始於事親，中於事君，終於立身」）。

　　孝本來是對父母的愛敬，在此已引申到事君和立身的範圍內。父

子的關係一旦投射到君臣的關係上，不但使爲君者攫奪了父親的形象，君臣關係蒙上了親情的倫理，同時也反過來扭曲了父子之間的自然親情。因爲既然視君若父，相對地亦可視父若君，故中國的父親對兒女常有過大的權威，因此疏離了父親與子女之間的自然親情。對子女體貼的情愛，反倒成了做母親的專責，所以母慈而父嚴，成爲中國文化的常態。

所謂立身，即「立身行道，揚名於後世，以顯父母。」這是把孝擴大到社會中與其他人的關係上。因爲孝父母，所以對其他人也必存有愛心，即所謂「老吾老以及人之老，幼吾幼以及人之幼」之義。然後因爲自己立身正，行道宜，受到世人的尊崇，因而揚名於世，等於對自己的父母盡到了最大的孝道。

這種把情親倫理政治化、社會化的傾向，並不是《孝經》一書的首創，無寧是《孝經》一書的作者把固有的傳統習俗加以教條化而已。這樣的傳統一旦在經書中固定下來，就容易成爲眾人所應遵循的教律。

由第二章至第六章分別講述了自「天子」以至「庶人」的不同等級的「孝」。現在看來這樣的分級未免有些荒唐，因爲既然孝是人類普遍的行爲模式，便不該有社會等級的差別。若有等級的差別，似乎便不能算是人類普遍的行爲模行。

「愛親者不敢惡於人，敬親者不敢慢於人。愛敬盡於事親而德教加於百姓，刑於四海。」這是天子的孝道，重在對百姓的德教。

諸侯之孝則重在「保其社稷而和其民人」。如何能夠保其社稷、和民人？首先必須「在上不驕」，故「高而不危」；必須「制節謹度」，故「滿而不溢」。二者都是爲了「長守貴」和「長守富」。因爲「富貴不離其身」，才能夠達到保社稷、和民人的目的。

卿大夫之孝則重在守宗廟。守宗廟的方法，就是不能踰越傳統的規矩，「非先王之法服不敢服，非先王之法言不敢道，非先王之德行不敢行。」最後做到「口無擇言，身無擇行，言滿天下無口過，行滿天下無怨惡」，然後始可「守其宗廟」。

士的孝重在「保其祿位而守其祭祀」。以愛事父母，以敬事父君。事母以愛，事君以敬，而事父則兼有愛與敬，此處彰顯了男性家長的重要性。把孝敬父親的心轉移到事君上，就是忠，把孝敬父親的心轉移到其他在上位者，則是順。如果一個士對在上的人不失忠順，那麼就可以保有祿位、守住祭祀了。

只有庶人的孝最單純，只須奉養父母就夠了。不過為了奉養父母，也要「用天之道，分地之利，謹行節用」才行。

以上所述的五等孝，固然說明了因為身分的不同，而必須有不同的孝行，但同時也肯定了社會的階級差等。在古代的中國，確是有階級差等之分的，因而影響到了人的思維，不是因為孝為人類普遍的行為模式而想到人間應該更為平等，而是因為人間的階級差別，而想到人類的普遍的行為模式也應該具有差別性。所以孝的政治化、道德化都沒有開啟出更為人道的平等與民主的觀念，反倒使不平等的階級有了制度的藉口。

四、以孝治天下

站在統治者的地位，孝便成為治理天下的法術。在第七章〈三才〉中，說明了孝是「天之經」、「地之義」、「民之行」，因此如果遵循天之明、地之利，則「其教不肅而成，其政不嚴而治」。第八、九兩章都是講的以孝治天下。古昔的明王以孝治天下的時候，對

小國的臣都以禮接待，何況是對身居公侯的諸侯了，因而得萬國的懽心。譬如儒家的聖人周公，「郊祀后稷以配天，宗祀文王於明堂以配上帝」，就是對於「孝莫大於嚴父，嚴父莫大於配天」的實踐，終於贏得四海歸心。

第十二章〈廣要道〉和第十三章〈廣至德〉則申明教人民親愛，最好的方法就是宣講實行孝道。因爲教以孝，就等於尊敬了天下爲人父的人了。引而申之，教以悌，就等於尊敬了天下爲人兄的人了。教以臣之道，也就等於尊敬了天下爲人君的人了。非但以孝教人民，在上位者也必須要身體力行，就如第十六章〈感應〉篇中所言：「昔者明王事父孝，故事天明；事母孝，故事地察；長幼順，故天下治。」反之，即如第十五章〈五刑〉中所言「要君者無上，非聖人者無法，非孝者無親，此大亂之道也。」所以「五刑之屬三千，而罪莫大於不孝！」

治天下以孝，事奉在上位者，更要出之以孝的態度。第十四章〈廣揚名〉和第十七章〈事君〉都在彰明這番道理。君子把事親的孝心移於君王，就是所謂的忠，把事兄的悌移於其他長上，就是所謂的順；把居家的條理移之於官，就是所謂的治。能夠如此，則無往而不利。事君的最佳態度，應該是「進思盡忠，退思補過」。如果君上有善行，就應順從其美意；如果君上有惡行，則應匡救之。這樣上下才能如家人一般地相親相愛。

儒家的移孝作忠，實際上樹立了不顛覆君上的道德規範。所謂忠臣，即使對昏君也不能有二心。在中國歷史上的改朝換代，不是到了君主昏暴不堪的地步，就是因天災戰禍早已使得天下大亂，君主已不在其位了。即使漢末的梟雄如曹操者，雖適逢漢獻帝的庸弱，終其一生也並沒有篡位。對長上的忠誠，至今影響著中國人的行爲規範。

最後，《孝經》中也列舉了不少實踐孝行的範例，第十章〈紀孝行〉中說：「孝子之事親也，居則致其敬，養者致其樂，病則致其憂，喪則致其哀，祭者致其嚴。」這五項都能做到了，才能夠算是事親。

至於在實踐孝道的時候，是不是一味聽信父親的命令就算孝了呢？《孝經》中說孔子認爲不然。他以爲在父君之位的人如果有不義的言行，做兒子的和做臣子的都應該要爭諫之。他說：「昔者天下有爭臣七人，雖無道不失其天下，諸侯有爭臣五人，雖無道不失其國；大夫有爭臣三人，雖無道不失其家；士有爭友，則身不離於令名；父有爭子，則身不陷於不義。」因此，一味聽信父親的命令，並不能稱之謂孝。

父母生前的孝敬既如前所述，父母死後孝敬並未就此結束。在第十八章〈喪親〉中，就羅列了父母身後的孝行實踐。「孝子之喪親也，哭不偯，禮無容，言不文，服美不安，聞樂不樂，食旨不甘。」

但是這種哀傷的行爲也不能沒有節制，禁食不能超過三天，以免以死傷生；服喪也以三年爲限，不能終生居喪。但是做子女的在父母身後必須做到合於禮的安排：第一爲其準備棺槨衣衾；第二陳獻祭器祭品，然後哀感之；第三選擇吉祥的墓穴予以安葬；第四立廟主禮享之，以後在春秋祭祀的時候感念父母的恩德。這些都做到了，才算盡到了孝子的本分。所以說「生事愛敬，死事哀感，生民之本盡矣，死生之義備矣，孝子之事親終矣！」

五、孝的理性化和教條化

《孝經》因爲篇幅短少、內容淺顯，自漢以後常常成爲幼童啓蒙

之書，對中國讀書人的影響可謂十分巨大。其中的警語，像「身體髮膚受之父母，不敢毀傷」、「揚名於後世，以顯父母」等都是大眾耳熟能詳的話。

儒家為彰揚孝悌之道，可說不遺餘力，而孝道就自然成為儒家德教的核心。但是做為家族倫理的孝道之所以政治化和社會化，卻並不是由儒家肇始或由儒家完成的。在周文化的發展過程中，家族組織本來就具有政治的性質，或者更確切地說，周代的政治結構本是奠基於家族結構之上的，因此家族的倫理一開始便兼有政治倫理的性質。父是一家之長，君是一國之長，也是皇族的一家之長。反過來說統治家族的族長就是一國之君。尊父，必然就發展出孝的倫理；尊君，必然就發展出忠的倫理。做為周文化的維護者、尊崇者、綜合者和發揚者的儒家，只是把既有的政治化和社會化了的孝的倫理加以理性化和教條化而已。

孝的理性化不可諱言地是儒家的貢獻，孝的教條化卻也不可諱言地是儒家視野的暗角。為什麼會成為教條化呢？那是由於儒家在盡力宣揚了孝的普遍性之餘，把孝絕對化了起來，就像《孝經》中所謂的「夫孝，天之經也，地之義也」，而忘卻了孝應該是與慈相對而行的。有父慈，然後才有子孝；有君義，然後才有臣忠。這種對待的關係，在儒家把孝絕對化的過程中，漸漸湮沒了。後來的二十四孝圖，居然要求做兒女的割股療親、投江尋父、埋兒事親等等今日看來十分不人道的行為，但在對孝的絕對化的認知下，卻認為是天經地義的兒女對父母應盡的孝行！

孝在中國文化中扮演了核心的角色，家族中重孝，政治上也重孝。唐玄宗明皇帝對《孝經》一書親加注釋，頒行天下。歷代的君主沒有一位不崇揚孝道的。民間的家庭教育也以孝為基礎、為重心，固

然因此窒息了無數的叛逆的思想和行為，但過度的壓抑，是否也同時
窒息了中國人批判的心靈、改革的念頭和創造的能力，則是今日應該
重加思考的問題。

．

第十七章
中國文化的女性地位：《列女傳》的意義

一、男性觀點下的女德

「女性主義」是非常近代的事。西蒙・波娃(Simone de Beauvoir, 1942-1986)在 1949 年出版女性主義的經典作品《第二性》(*Le deuxième sexe*)的時候，世界上還沒有出現「女權運動」。1960年代初期，筆者在法國求學的時代，法國已婚的婦女，如沒有丈夫的同意，尚不能在銀行中開自己的帳戶。但是到了1960年代後期，特別是進入1970年代，歐美的「女性主義運動」和「女權運動」已經風起雲湧了。

「女性主義」和「女權運動」所以在今日蔚然成風，說明了不論中外，女性在傳統的社會中原本處於一種不利的地位，在社會上不能與男性平起平坐，女性的權利也從未受到應有的保障，這才引起了現代的女性憤懣不平，起而奮力爭取一己的權利。

回顧數千年的人類歷史，以前並沒有女性如此自覺地爭取權利的實例，一者是因爲在人類的歷史上，直到近代的民主制度和平等、人權的觀念出現以前，人類都生活在這樣或那樣的階級性的社會中，人

們視不同的權利和地位是生活的常態，不會做出無謂的抗拒；二者是女性雖然與男性的地位不同，權利有異，但是也並非全未享有優惠的待遇，例如女性多半會免於參戰的危險和勞役的痛苦，所以女性在整體的感覺上尚能接受自己不太公平的命運。

中國的女性，所以默默地隱忍了數千年惡劣的命運，也正是因為在中國的文化中，自有尊崇女性的一面，否則漢初的呂后和唐代的武則天便不會攀登權力的高位。

漢代劉向所撰的《列女傳》是今日研究中國古代婦女地位的一部可貴的材料。

《漢書‧楚元王傳》載：

> 向以為王教由內及外，自近者始，故採取詩書所載賢妃貞婦興國顯家可法則及孽亂亡者，序次為列女傳，凡八篇，以戒天子。

現代所見的《列女傳》共有七卷。附有「續傳」一卷，作者不詳。原書本為一編，據說是宋代的王回將其分為七類，計：母儀、賢明、仁智、貞順、節義、辯通、孽嬖。

從類別上看，母儀、貞順、節義、孽嬖諸類，固然是針對與男性之利害關係而立言，其他賢明、仁智、辯通諸類雖然表面上似為女性自具之德，然而傳中的實例，也不出與男性利害關係的範圍。例如在「賢明」一類中，周宣姜后和齊桓衛姬之足以稱為賢明，乃因各自諫正了周宣王及齊桓公的過失。齊管妾婧之所以稱為辯通，也因為她啟發了管仲的愚昧。由此觀之，諸女之所以出眾，有值得一書的價值，均因為她們的德行或智能對男性有所輔佐或助益。孽嬖一類則恰恰相

反，其中的女性，像末喜、妲己、褒姒等，均有害於男性，使他們的夫君亡國失位，因而留下了惡名。不管是女性的德行或劣行，都是從男性的觀點出發而予以定位的，這是以男性為主導的社會必然的結果。

二、母儀與貞女事例

在以男性為主導的周文化中，女性以母儀的身分最能受到社會的尊崇，這就是為什麼《列女傳》必以「母儀」始了！

在「母儀」一類中，〈有虞二妃〉、〈棄母姜嫄〉、〈契母簡狄〉等不過是按照傳說歷史中羅列下來的后妃。真正具母儀之象的應該從〈啟母塗山〉起。〈周室三母〉指的是王季之母太姜、文王之母太任和武王之母太姒，周室的這三位王母，均以其德教化了她們的兒子，使周邦一步步走上了昌盛興隆的道路。

最為後世樂道的則是孟母三遷的故事。孟母和她的兒子孟軻原住在墓地之旁，孟子學人家築埋之事。孟母覺得不對，遷居到市場旁，孟子又學商賈販賣之事。孟母覺得也不對，最後遷居到學宮之旁，孟子於是學習設俎豆揖讓進退之禮。孟母說：「真可以居吾子矣！」後來孟子長大後習六藝，終成大儒（見〈鄒孟軻母〉）。

母儀雖然是至高的一種身分。但是在男性為中心的社會中，終不能與男子並肩。譬如在《漢書‧古今人表》中，把人分成上上、上中、上下、中上、中中、中下、下上、下中、下下九等。上上為聖人，上中為仁人，上下為智人，下下則是愚人。帝宓羲是上上之聖人，女媧氏因為是女性，就被列為上中之仁人，與共工氏、容成氏同列。黃帝列為聖人，嫘祖就被列為仁人。帝舜列為聖人，娥皇、女英

均列爲仁人。文王、武王、周公都列爲聖人,文王之妃、武王與周公之母的太姒則列爲仁人。像妲己、褒姒等,當然被列爲下下之愚人了。總之女性不論德與不德,均差男性一等。

在「母儀」之後,《列女傳》反映了漢代對女性行爲的規範已有所共識。例如奠立後世婦女言行的基本婦德所謂「三從」者,已見於《列女傳·魯之母師》,文曰:

> 婦人有三從之義而無專制之行,少繫父母,長繫於夫,老繫於子。

基本上女性的一生,都爲男性所主導,幼時聽從父母親,婚後順從丈夫,老年依靠兒子。我們試比較元代雜劇《寶娥冤》中所講的三從「在家從父,出嫁從夫,夫死從子」,可以看出來基本上的立論是一樣的,只是到了元代把「少繫父母」的「母」字去掉,把「繫」字改作「從」字,使女性更加依附於男性罷了。

「三從」之外,對女性最大的稱譽和要求,應該是「貞節」。例如〈蔡人之妻〉一節敘述宋人有女,嫁于蔡家,不幸丈夫患有惡疾,女方的母親要把女兒改嫁,女兒卻說:「夫之不幸,乃妾之不幸也,奈何去之?適人之道一與之醮,終身不改。不幸遇惡疾,不改其意。」

又在〈黎莊夫人〉中講述黎莊公的夫人因爲不得丈夫的歡心,很不得意,有人勸她說:「夫婦之道,有義則合,無義則去,今不得意,胡不去乎?」黎莊夫人說:「婦人之道,一而已矣。彼雖不吾以,吾何可以離于婦道乎?」

〈息君夫人〉則說楚國滅息國之後,虜息國之君,使其守楚國之

城門，而納息夫人於楚宮。借楚王出遊的機會，息夫人見到息君，對息君說：「妾無須臾而忘君也，終不以身更貳醮，生離於地上，豈如死歸于地下哉？」遂自殺而死。息君亦自殺。

〈楚白貞姬〉記楚國白公勝的妻子，在白公死後紡績不嫁。吳王聞其美，遣使者持金百鎰、白璧一雙，欲聘之為夫人。白公妻寧願守其夫之墓廬以終天年。

〈魯寡陶嬰〉也是記魯國陶嬰守寡育孤，終身不再嫁的事蹟。

〈代趙夫人〉記趙襄子之姐嫁代王為夫人，襄子襲殺代王後，欲迎姐歸，代王夫人以義不事二夫而自殺。

〈梁寡高行〉記梁國一個寡婦，有美色，梁國的貴人都爭欲娶之而不能。後來被梁王知道了，也派遣了使者來下聘。這位寡婦在如此的高壓之下，只好削了自己的鼻子，以破相來拒婚說：「王之求妾者，以其色也。今刑餘之人，殆可釋矣！」梁王也不得不因此尊其為「高行君子」。

〈魯秋潔婦〉則是流傳甚廣的一則故事。魯國的秋胡娶妻五日即離家到陳國去做官，過了五年以後才回家。在快到家的時候，在路旁看到一個採桑的年輕女子，因悅其美色遂下車加以調戲。女子不假以顏色。秋胡返家後，發現在桑園中調戲的女子竟是自己睽違已久的妻子。秋胡的妻子因不恥其夫的行為，投河而死。

以上的這些例子，說明了在周以降的文化薰陶中，女性視貞節猶重於生命，故常以死來維護一己的貞操。

其次，孝道是對為人子女者共同的要求，例如漢文帝時緹縈的救父，就傳為美談（〈齊太倉女〉一則）。但女性與男性不同的是，男子只要求對自己的父母盡孝道。對女性而言，已嫁之後，所要求的則是對公婆（也就是丈夫的父母）盡孝道。

〈陳寡孝婦〉記載的是陳國的一個十六歲出嫁了的少女，沒有生兒子，丈夫就戍邊去了。臨行時丈夫囑托年輕的妻子說自己若有不測，希望妻子代為侍養老母。丈夫果然死在外邊。這位年輕的寡女盡心盡力奉養婆婆。居喪三年之後，她自己的父母因見女兒年少，無子又早寡，想讓她改嫁。女兒卻義正詞嚴地說：「為人婦，固養其舅姑者也。夫不幸先死，不得盡為人子之禮，今又使妾去之，莫養老母，是明夫之不肖，而著妾之不孝。不孝，不信且無義，何以生哉？」遂企圖自殺。她的父母怕女兒因此輕生，才不敢逼她再嫁。這位孝婦奉養婆婆二十八年，竭盡孝道，始終如一。漢文帝聽說之後，美其孝行，賜黃金四十斤，號曰孝婦。

三、男女之間

夫婦為人倫之始，所以婚姻嫁娶是一件極為重大的事。在以家族為本的周文化中，婚姻並不是個人的事，也不是尋求一己之幸福，而是傳承先祖的家族之事。因此《列女傳》記載有一位申人之女，許嫁於酆，因夫家禮不備，女不肯行，說出了一番大道理：「夫婦者，人倫之始也，不可不正。傳曰：正其本則萬物理，失之毫釐，差之千里。是以本立而道生，源潔而流清，故嫁娶者所以傳重承業繼續先祖為宗廟主也。夫家輕禮違制，不可以行。」（〈召南申女〉）

男女之間，除了合於禮的婚姻關係以外，不可能有其他的關係，男女兩性之間，平常是相互隔絕的，所謂「明王之制，使男女不親授受，坐不同席，食不共器，殊椸枷，異巾櫛，所以遠之也。」（〈楚平伯嬴〉）

「宗法制度」中對嫡庶之分特別重視。因有嫡子、庶子之別，故

妻妾之分也非要嚴格不可。《列女傳》對這種分際有很清楚的記載。例如記衛國宗室靈王之夫人及其傳妾的事蹟。秦滅衛，封靈王世家，使奉衛祀。靈王死後，夫人無子，但是傳妾有子。傳妾侍奉夫人八年，殷勤如舊。夫人心中甚爲不安，情願外居而讓位於傳妾。傳妾哭泣著說：「夫人欲使靈氏受三不祥耶！不幸早終是一不祥也，夫人無子而婢妾有子是二不祥也，夫人欲出居外使婢子居內是三不祥也。妾聞忠臣下君無怠倦時，孝子養親患無日也，妾豈敢以小貴之故變妾之節哉？」（〈衛宗二順〉）

妻妾地位懸殊，守分的人，寧死也不敢越位。另一則記有一衛人在周做大夫，二年後歸家，他的妻子因爲與鄰人通姦，恐怕事發罹禍，於是準備了毒酒意欲謀害親夫。妻命妾向主人進此毒酒。妾明知爲毒酒，如果獻給主人喝了，不義；告訴了主人，又陷害了主母，不忠。於是故意跌倒，把毒酒打翻了，因此挨了主人一頓打。妻恐怕妾洩露了她的隱私，遂找一個別的藉口意欲笞殺妾而滅口。妾明知不免一死，終不肯吐露實情。幸虧主人的弟弟知道內情，告訴了哥哥，才救回妾一條性命。（〈周主忠妾〉）

以上的例子，除了說明男女的分際外，也說明女性間的地位高下，也各視其與男性的關係而定。

四、女童的啓蒙與女德之養成

漢代的史書像《史記》或《漢書》，都沒有「列女傳」。到了南朝宋范曄編纂《後漢書》，才在「列傳」中加入了「列女傳」，顯然是受了劉向《列女傳》的影響。明朝的解縉等又奉敕編纂《古今列女傳》三卷，材料來自古《列女傳》及漢朝以後史書中的《列女傳》，

再加上一些當代人的事蹟而成。

劉向的這本《列女傳》像《孝經》一樣，是一本學童啓蒙的書。《孝經》是男女學童共用的教材，《列女傳》則專爲女童而備。古代詩書之家的女性多半都讀過《列女傳》，所以其中的掌故事蹟也可以說是深入人心的了。

女性讀過的書，自然也會影響到男性，因爲男童雖然不讀《列女傳》，但讀過《列女傳》的母親或其他女性長輩，也會把其中的故事講述給男童聽。因此在中國文化的延續傳遞中，這本書的影響也是不可輕忽的。

劉向編撰《列女傳》是有所本的。正如《漢書·楚元王傳》中所言「採取詩書所載賢妃貞婦興國顯家可法則及孽亂亡者，序次爲《列女傳》。」詩書所載的，有的是史實，但多半是神話和傳說。像〈有虞二妃〉、〈棄母姜嫄〉、〈契母簡狄〉、〈啓母塗山〉、〈湯妃有㜪〉等的事蹟，雖然也見於史書，但仍不免是神話是傳說。其中也偶有漢代的時事，像〈陳寡孝婦〉、〈齊太倉女〉的事蹟發生在漢文帝時，則屬於漢代的時事。

劉向編撰《列女傳》的目的並不是寫歷史，雖然表面上似乎寫的是歷史上的眞人眞事，甚至爲後代的史家把這一種體例納入史書之中，他的目的實在是寫一部教本，做爲後世女性可資遵循的楷模。其中「孽嬖」的一類，則做爲後代女性引以爲戒的反面教材。既然是寫教本，所有的材料都經過了過濾，務必使讀者堅信其中的道理，而不會產生反感。

其中特別強調了婦女對男性所守的貞節。我們知道周文化是以父權的家族主義爲中心的。在家族中掌權的是男性的長者，年輕的子弟與女性同歸家長的指揮。有些年輕的男性，有一天總會有掌權的一

日，而女性則永遠附屬於男性，成爲名副其實的「第二性」。女性的順從與貞節，對家族的和睦起著重要的作用，不能不予以強調。男性在制度上本可納妾，故無所謂貞節問題。若女性不貞，則不能安男性之心，故除盡力推崇貞女以外，不貞者予以嚴屬的懲罰，一般是死罪，而且可由爲夫的親手來執行。

《列女傳》中的貞女如此之多，並不能反映社會的實情，因爲這不是社會調查的結果。爲了達到說教的目的，編撰者自然可以多選貞女而少舉不貞者；即對貞女的事蹟，也可以加意渲染，誇大其詞。

但是典型一旦建立，便可以成爲後世女性仰慕的楷模。受到群體的崇敬是最大的誘因。死節的貞女，累世不乏其人，就像死義的志士，雖然遭受到肉體的痛苦，但心靈上所獲得的慰安也足以抵消了。這心靈上的慰安是文化造成的。在中國的文化中，女性除了做爲母儀而受到尊崇以外，貞節和孝道是女性受到群體肯定和尊敬的另外兩個主要的原因，其中特別是貞節，更成爲以男性觀點爲主體的文化標記。

今日，女性的貞節，已爲女性主義者打上了問號，正因爲中國的文化已經在轉型了。

第十八章
中國人心靈中的黑暗海洋

一、人類心靈中的黑暗海洋

心理學上有一個非常有趣的試驗，就是把老鷹形狀的物體從一群雞雛的上邊掠過，雞雛馬上會驚慌奔逃。但是其它的物體則不會使雞雛有類似的反應。孵出不久的雞雛，尚沒有與老鷹接觸的經驗，怎麼會產生如此的反應呢？是否雞隻對老鷹的恐懼感已經進入了遺傳的因子？

這個試驗說明了動物的腦中有些從先祖那裡繼承而來的神秘的遺傳。有些動物，一生下來就自然會做出跟父母一樣的動作。昆蟲界更是如此，一代代重覆著相同的動作、行為。這種不經過學習即獲得的能力，我們稱之謂「本能」。

人與動物不同的是人的動作與行為多半都是經過學習而來的。雖說人仰仗學習之處甚多，但是人也是動物，人仍然具有某些本能，例如食、色以及發聲的能力。只是這些本能需要靠學習而來的能力加以修飾，加以補充，所以後天學習而來的能力早已把自然的本能掩蓋了過去，使自然的本能似乎已無足輕重了。學習而來的對本能的修飾和補充，就是在生物界人類所獨有的「文化」了。

人類的文化是在人類的意識發展下一點一滴積累而成的。如果人

類的意識是在長程的歷史中日漸澄明起來的，那麼尚未澄明起來的意識便仍然沉沒在黑暗中。這黑暗中的部分，心理學家稱之謂「無意識」（the unconscious）。因為它在我們已發展出來的意識領域以外，所以我們在意識中並不能感到它的存在。可是我們也不能否認它的存在，否則即認為我們人類今日的「心靈」（psyche）領域已經是無可再進一步發展的全部了。人原本來自「自然」，所以，我們的「心靈」，正如我們的「肉體」，都是自然的一部分。我們如果對「自然」尚沒有一種通徹的了解，我們又怎敢說透徹地了解我們的自身和我們的心靈呢？因此，對「無意識」的探索，正是從佛洛依德以降的心理學家所努力鑽研的目標之一。

佛洛依德的弟子榮格是對「無意識」的研究頗具貢獻的一位。他曾把「無意識」釐析為兩個概念：一是「個人的無意識」（personal unconscious），二是「集體的無意識」（collective unconscious）。前者指個人意識中遭受壓抑和被遺忘的部分；後者指人類共同繼承而來的尚未證明為意識的那一部分。集體的無意識就如同是一個深不可測的海洋，個人的意識只是海面所形成的一個微小的波浪。黑暗的海洋中時時升起一些白色的意識的浪花，而這些浪花也會消失在黑暗的無意識的海洋中。這種譬喻可以告訴我們，無意識不但是過去歷史的蓄存庫，同時也是無窮的未來的源泉。因為無意識的未曾澄明的性質，除了通過夢境、神話、傳說以及宗教儀式的出神以外，我們幾乎沒有別的辦法可以觸接到它。

每一個人的夢境，並不都是經驗的重現或記憶的變形，其中有些畫面可以聯繫到人類最原始的情境，就如同人類原始的祖先把無意識悄悄地遺傳了下來。如果我們的身體在結構上仍然殘留著最原始的人類的種種特徵，人腦的構造又何能例外呢？對個人夢境中所出現的超

出個人經驗與記憶的部分，佛洛依德稱之爲「古代的殘存」（archaic remnants），榮格則稱其爲「原型」（archetypes）。

二、古代的殘存或原型

「原型」的概念並不只限於人的夢境中所出現的「古代的殘存」，舉凡古代遺留下來的神話、傳說、宗教中的儀式、圖畫、氏族的圖騰，都屬於「原型」的範圍。榮格認爲當我們意識到「原型」存在的時候，卻並不能確切地了解它的含意。原型的出現，就如同鳥之築巢、蟻之開穴，受著本能的促使。原型與本能之間的關係，榮格的解釋是本能出之於生理的衝動，當這種生理的衝動以奇想幻覺特別是以象徵的圖景出現的時候，就是他所稱的「原型」了。

人的無意識既然超出於人的意識控馭之外，其運作即出之於本能，無意識的運作靠了原型爲人的知覺所察知。原型的出現與運作並不依個人的意願爲依歸，它具有強大的力量和自主的路線，在暗中操縱著人們的思想和行爲(Jung 1979)。

我們在生活中常常遭遇到群眾的一些非理性的行爲，不免自問：「爲什麼人們會做出這樣的事來？」如果我們從原型上求取答案，我們可能就比較能夠理解這些行爲或社會現象的原委了。因此原型的概念的提出，幫助我們接近透視無意識的黑暗海洋的可能。

三、虞舜及姜太公神話的意義

在我國的歷史上，人爲災難的形成，多半出之於君主的專制。一個英明的君主，雖然他一樣專制，但是在他清明的頭腦的過濾下，可

能不致於做出十分違反人民利益的行為。但若遇到一個不英明的君主，在專制的制度下，就會產生極為可怕的後果了。君主的不英明，可能由於天生的暴戾，但更常見的情形則是由於年老而昏庸。為什麼在我國的傳統統治制度中從沒有規定君主的限期？更沒有為君主制定年老退休的章程呢？豈不是正因為年老會昏庸一事從沒有進入中國人的意識之中。或是有些人意識到這個問題，但終無法違拗無意識中的「古代的殘存」。這種「古代的殘存」就是對老人的崇拜！

我們在以前的篇章中曾經以原型的路徑討論過「虞舜的神話」和「姜太公的神話」。這兩個神話都出現在遠古的時代，也就是在周代以前和周代的初期。以虞舜之智，竟無法感化冥頑的瞽叟，而且在惡父之下表現出無限馴服的孝子行為。這個故事實在要說的話是：「不管你有多麼大的權力，多麼高的智慧，你仍然須崇敬你的父親，儘管你的父親遠不如你！」為什麼必要如此？沒有理由！因為來自無意識的原型，並不是思考而後的結果。先祖是這麼想法的，後代的人不由自主地也這麼想，絕不思考及追問道理何在。

今日我們來觸接這個問題的時候，甚至我們不能以家族主義來解釋孝道的起源，孝道很可能是比家族主義更古老的一種原型。也很可能是因為孝父的行為凝結起家族的團結，二者相得益彰，互為表裡。

在孔子的時代對「孝」的看法，即視為一種自明之理。例如孟懿子向孔子問孝，孔子答曰：「無違。」孟武伯問孝，孔子答曰：「父母唯其疾之憂。」子游問孝，孔子說：「今之孝者是謂能養，至於犬馬皆能有養，不敬，何以別乎？」子夏問孝，孔子說：「色難。有事弟子服其勞，有酒食先生饌，曾是以為孝乎？」這些談的都是如何盡孝，而從未涉及何以必須盡孝的問題。只有一次，宰我向孔子問三年之喪，覺得時間太久了，孔子感慨地說：「予之不仁也！子生三年，

然後免於父母之懷。夫三年之喪，天下之通喪也。予也有三年之愛於父母乎？」雖然此處似乎在說兒子有三年在父母的懷抱中成長，故也該為父母服三年之喪，意味著一種報恩的心態。然而對父母盡孝，卻並非只出於一種報恩的心態，舜對瞽叟本無恩可報，但仍然表現了做兒子的孝道。

　　所以孝敬父母是中國文化中一種重要原型，其重要性可以與基督教文明中的崇拜天父相比。崇拜天父是一種信仰，無理由可言。孝敬父母是先祖的遺風遺俗，也無理由可言。

　　在中國歷史中實際上不孝的子孫絕對有，但是沒有人對孝敬父母的行為質疑。直到當代的文人，在接受了其它文化衝激之後，才對孝的行為加以檢討。譬如王文興的小說《家變》，就描寫了一個虐待父親的男子的成長過程。《家變》之所以不同於以往文學作品中描寫「不孝」的文筆，乃在於作者不加以譴責的冷靜的口吻。在過去的文學作品中也出現過虐待父母的場面，例如在吳沃堯的《二十年目睹之怪現狀》中，那種不孝的場面，是作者當作一種怪現象來加以貶責的。王文興的《家變》，則無寧把虐待父親的行為看作一種兒子自然成長的結果。在以孝道統領的中國文化中，這樣的作品的確是一種異數。但是如果我們仔細分析作者個人的思想和寫作《家變》的背景，就可以看出來，第一、作者個人的極度崇尚西化，對中國的固有傳統有排斥的心理；第二、兒子對父母的虐待，無寧也正表現了作者對「孝道」的看重與執著。也就是作者在一心崇尚現代化西方比較自由的父子關係時，仍不能掙脫瞽叟式的夢魘！

四、農業生產與老人崇拜

至於姜太公的神話可以視作虞舜與瞽瞍的神話的另一種樣本。瞽瞍所代表的是父，而且是惡父，姜太公所代表則是老人。老人也可以是父，所以武王尊稱姜太公為師尚父。因為主要焦點在「老」上，是一個老人，故所代表的意義與瞽瞍所代表的父的意義有別。瞽瞍代表了父的絕對的權威，不管善與惡，均無礙於其為父的地位與威勢。老所代表的則是絕對的智慧與能力，所以姜太公能夠助文王興國，又能助武王伐紂，而且在一百多歲的時候尚能率領勇士衝鋒陷陣。

在我們不加思索的時候，我們直覺上是信任老人的智慧與能力的。我們不能說崇拜老人的心態是農業社會的結果，雖然在農業社會中有經驗的老人的確扮演了舉足輕重的角色。崇拜老人很可能更早於農業生產的普及，甚至崇拜老人的實行可能促進了農業生產與發展，老人崇拜與農業生產二者也是相得益彰，互為表裡的。

五、難以抗拒的無意識

父親和老人合而為一的原型可以說是中國文化架構的基礎。一切文化中的枝蔓均由此而生。

孝父與敬老，應該說是文化中的優點。但是如若絕對化之後，在現實生活中勢必會顯現某些缺點。譬如說給予瞽瞍更大的權力和更多的機會，使他足以實現了殺害舜的目的。又譬如過度仰賴老人的智慧與體能，讓像姜太公一樣老的老人實際從事政治與軍事的領導工作，那麼後果當然是不可設想的。

　　正由於無意識是一種太過巨大的力量，雖然在清明的意識中我們已漸漸明瞭其中的原委，也不能說一定沒有足夠的智慧來構思適應之道，然而一旦落入實際的生活行動中，我們仍不免受著無意識的左右。只要我們看一看今日我們所遭受的政治與社會的實際狀況，我們就不得不承認，無意識的力量是何等的龐大！而意識的思辨是何等的渺小！

第十九章
中國文化的轉折

一、漢族之摶成與中國之創建

漢朝是保存周文化的關鍵時期,從武帝「罷黜百家,獨尊儒術」以後,儒家地位獲得空前的肯定,從此穩定發展,儘管皇朝累累更替,都沒有影響到儒家在全國的正統地位。

奉行周文化的族群在古代泛稱「華夏」,主要分佈在黃河流域。周初封建的地域,據《史記·周本紀》記載:

> 武王追思先聖王,乃襃封神農之後於焦(宋裴駰集解:《地理志》弘農陝縣有焦城,故焦國也),皇帝之後於祝(唐張守節正義:《左傳》云:祝其實夾谷;杜預云:夾谷即祝其也;服虔云:東海郡祝其縣也),帝堯之後於薊(裴駰集解:《地理志》燕國有薊縣)帝舜之後於陳(張守節正義:《括地志》云陳州宛丘縣在陳城中,即古陳國也),大禹之後於杞(張守節正義:《括地志》云汴州雍丘縣古杞國),於是封功臣謀士,師尚父為首封。封師尚父於營丘曰齊,封弟周公旦於曲阜曰魯,封召公奭於燕,封弟叔鮮於管,弟叔度於蔡,餘各以次受封。

　　從上述可知周初所封先聖之後及功臣子弟，不出戰國時東方五國
——齊、燕、韓、趙、魏——的範圍，楚、秦等國不與焉。古代中原
的黃河流域，南至江、淮，是華夏族群活動的地區，以周文化區別於
周邊的蠻、夷、狄、戎。譬如周夷王時楚君的先祖熊渠曾說：「我蠻
夷也，不與中國之號諡。」(《史記‧楚世家》)但是到了戰國時代，
楚國和秦國漸漸強盛起來，同時也受到東方周文化的薰陶，按照當時
的傳說他們跟周王又都是黃帝之後，就不肯再以蠻夷自居了，因此戰
國七雄同稱諸夏。等到秦滅六國一統天下，連更南方的吳、越等國都
納入華夏的範圍，北至遼河，東至海，西至洮河流域，西南到巴蜀，
東南達兩湖、吳越，都是華夏族的領域。因此與其說華夏族群因血統
而凝聚，不如說自古即以文化類同而凝聚。

　　秦末楚、漢相爭，漢王劉邦贏得勝利，因其本被封為漢王，故也
以「漢」名其朝代。漢祚長達四百多年，版圖廣大，文物鼎盛，後來
華夏族群以漢為榮，遂自稱「漢族」或「漢人」。到西晉末年永嘉之
亂後，北方的游牧民族南下牧馬，佔據中原，史稱「五胡亂華」。北
方的部分漢人被迫南遷，遠達珠江流域，南下的漢人難免會與南方原
來的蠻族混融，留在北方的漢人也不能避免與外來的五胡族混融，於
是漢人的血統更加複雜，其所認同的唯有漢族文化(也就是以儒家為
代表的周文化)而已。

　　到了唐代又復統一中原，唐祚將近三百年，雖不及漢祚長久，但
文物一樣鼎盛，國勢一樣強大，因此原來的漢人也會以唐為榮，而有
自稱唐人者，諸如今日的華僑稱原鄉為「唐山」，稱北美城市的華人
據點為「唐人街」等。以唐人自居的畢竟是少數，未能取代漢人之
名，至今廣大地區的中國居民仍以「漢人」或「漢族」自稱，而且也
成為公認的族群稱號。元代時蒙古人進關，回族人漸與漢人雜居，清

代時滿州人進關，都與漢人有所混融。到了民國，號稱漢、滿、蒙、回、藏五族共和，實際上少數民族眾多，據調查漢族外少數民族多達五十六個。以台灣為例，台灣的原住民為五十六族之一，僅稱高山族而已。其實細分起來，又有平埔族、泰雅族、布農族、鄒族、賽夏族、排灣族、卑南族、阿美族、雅美族、魯凱族之別。加上過去荷蘭與日本的在台殖民，如此眾多的異族曾與漢族雜居，要說沒有血統的混融，怎麼可能？所謂漢族者，越來越須靠文化的因素取得認同了。

至於「中國」之名，來源比漢族更古。1963年出土三千年前周武王時期的銅器上已經有如此的銘文：「余其宅茲中或」。「或」通「域」，為古「國」字，「中或」即「中國」也。國字原意為帝王所在的都城，或諸侯封建之地。《詩大雅‧民勞》有「惠此中國，以綏四方」，意謂：先施惠於京都之民，再去安撫四方。《孟子‧公孫丑》有「他日王謂時子曰：我欲中國而授孟子室，養弟子以萬鍾。」意思是說；齊王對時子言：我欲在國都為孟子安排房舍，以便教養我們的子弟。這些都是指國都而言。到了漢初，就開始指中原地帶了。譬如上文所引司馬遷《史記‧楚世家》記載周夷王時楚君的先祖熊渠曾說：「我蠻夷也，不與中國之號諡。」雖假託古人之言，但這是司馬遷用的詞，所以可以斷言漢初時，「中國」指的是中原周文化所在之地，亦即當日漢朝所統轄的領域。到了五胡亂華時，不管是否外族建立的國家，凡在中原地帶，均自稱「中國」。唐朝以後，遼與北宋、金與南宋都自稱中國，而否認對方為中國，可見這時候「中國」已有代表「文化正統」的含意在內了。但是歷代的王朝並沒有把「中國」二字置於國名之中，中國除了當做一個地理名詞應用外，也含有居天下之中央，且文化上高於境外蠻夷之意。直到中華民國建立，才直接簡稱「中國」。1949年共產黨建立中華人民共和國後，也簡稱

「中國」，遂發生與播遷到台灣的中華民國具有同一個簡稱，到底算是「一個中國」，還是「兩個中國」，遂成爲模棱兩可的狀態。

站在文化的立場上，中國代表的是漢族與漢族的文化，爲國族主義者所尊奉的符號，所以史學家錢穆曾一再致言：「中國則只是個中國，民族摶成與國家創建，這是中國歷史一條大趨向，也可說全部中國史。」（錢穆 1970:56）

二、中國傳統文化遭受到空前的挑戰

以儒家爲代表的中原文化（也就是周文化的傳統），自漢武帝而後，直到清朝末年，雖經數度異族的侵佔中原，卻未遭遇到眞正的敵手，因爲五胡也好，蒙古族也好，滿族也好，其文化都沒有超越中原文化之處，至多在起居、服飾上有些影響，基本上並未改變漢族的意識型態、典章制度以及社會建構、家族組織等。可是到了十九世紀中期鴉片戰爭慘敗於英國之後，情形大變了。

1840至42年的中英兩國之間的鴉片戰爭，導致中國與西方列強第一次簽訂割地賠款喪權辱國的不平等條約，這是中國歷代從未遭遇過的奇恥大辱，也是中國文化不得不深刻地自我反省之始。此後，到十九世紀末，在短短的六十年間，中國與西方列強以及後起的日本屢戰屢敗，敗後不得不割地賠款求和。除去割讓了香港、澳門、台灣之外，膠州灣、旅順、大連、威海衛、九龍、廣州灣等地也先後被德、俄、英、法諸國強佔。賠款則動輒白銀數百、數千萬兩，把中國剝削得民窮財盡。再加上強制中國開放通商口岸，代收關稅，在大商埠中強租租界地，施行治外法權，使中國的門戶洞開，中國的國土則成爲列強覬覦的一塊肥肉。

　　秦始皇統一中國以來，歷經兩千多年的王朝興替，中國自然融成一個特殊的民族和獨立自主的經濟體制、文化形態，人民的物質和精神生活向來自給自足，不假外求。由於地處內陸，交通不便，過去對外交往是有限度的，所受外來的影響也是在自主的情況下發生，像東漢以降的佛教，以及南北朝時代胡樂、胡服、胡床等外來文化的輸入，無不如此。甚至數度外族入侵，譬如晉後的五胡、宋後蒙古和明後的滿清，也都以同化於漢族文化作爲終結。但是十九世紀中葉的西方的列強與過去的蠻族大不相同，這次的衝擊非但打破了中國一向自給自足的傳統模式，而且使中國從此不得不改弦易轍，去遷就異族文化，走上了另一條新文化的不歸路。這種情勢，如果從全世界、全人類的角度來看，實在存有不得不然的道理。

　　中國這樣歷史悠久、人口眾多的大國，所以會屈服於西方列強的威勢之下，自然是因爲西方的列強眞正有其強悍之處。在十四世紀以前，中國的文明及其科技的水平本來都在世界各國之上（Needham 1970）。十三世紀義大利人馬可波羅（Marco Polo, 1254-1324）東來中國，正因欽慕中國的文明。可是十四世紀以降，經過文藝復興和啓蒙運動的洗禮，西歐各國的人文科技突飛猛進，一日千里，在短短的數百年間不但遠遠超越了中國，而且形成一股強大的帝國主義勢力，向外擴張，以致在十九世紀中葉中國與西方列強遭遇時，遂處於絕對的劣勢。

　　鴉片戰爭以後，中國更沒有足夠的力量阻止西方的帝國主義者入侵中國。中國既是戰敗國，所簽的又都是不平等條約，自然無法站在對等的地位與西方列強互通有無。君臨中國的西方勢力不免橫行霸道，予取予求，此爲強弱勝敗之勢所造成的自然結果。面對西方列強，當時中國人有三種對應的方式：一是愚昧無知一心媚外求和的腐

朽的當政者及清政府官吏，如慈禧太后及主張割地賠款的重臣李鴻章者流；二是仇恨外國一力排外的民間勢力，如義和團；三是主張維新自強的知識份子，如「戊戌變法」的康、梁及提倡「中學爲體，西學爲用」的張之洞等。在十九世紀後半期，第三種對應的方式顯然還屬於少數，沒有起到應有的作用，所以「戊戌變法」終歸失敗。直到辛亥革命建立了民國，又經五四運動以後，不再顧忌地師法西洋才成爲知識份子的共識，但一般的農民恐怕仍不以爲然。

中國門戶開放之後，東西列強任意在中國傳教、經商，實際上中國已流爲列強的次殖民地。在強熾的西風吹拂下，中國的社會與文化不自主地進入了痛苦蛻變的過程。

首先感受到的是宗教的影響。1850年在廣西省桂平縣金田村起義的太平天國所奉的拜上帝教，即從基督教蛻變而來，可見在1850年以前基督教在中國境內的傳播已經深入民間。太平天國主張改變婦女地位，進行土地改革，要求人間的平等，這一切都是中國傳統文化所沒有的，其所根據的正是基督教的教義。到了十九世紀末，義和拳的蜂起，也是以基督教的傳教士及教徒爲仇恨的對象。但是基督教的傳播，在中國的現代化上也曾產生過不容抹殺的巨大作用。顯而易見的是教會學校及教會醫院的建立，開創了中國的現代教育及現代的醫療保健制度。然而基督教在中國的傳播卻非一帆風順，首先基督教的不崇拜偶像，就遭遇到拜祖先、拜神佛的抗力；後來共產黨當政，認爲宗教不但與帝國主義、統治階級沆瀣一氣，而且是麻痺人民的鴉片，故以政治的力量清除了大陸上的宗教勢力。

帝國主義者在當日中國所顯現的是一副征服者、統馭者的凶暴嘴臉，與他們在自己國內所奉行的自由、平等、博愛的精神似乎不合。中國人一時之間實在難以理解其間的矛盾，無法去向欺壓一己的敵人

認同他們的道德倫理標準。另一方面，中國人又自恃有四千年的文明，竟敗在一向視之為蠻夷之邦的手下，不能不陷入喪失自信的痛苦之中。這就是為什麼一開始中國人對西方文化多所抗拒的原因。

遠在鴉片戰爭時期，有些有識之士也看出來帝國主義與帝國主義者所擁有的資本主義、民主制度以及科學研究是截然不同的兩碼事。林則徐所編的《四洲志》(1839)，歷述西方各國之疆域、歷史、政治等情。汪文泰著《紅毛英吉利考略》(1841)、楊炳南著《海錄》(1842)、魏源據《四洲志》編《海國圖志》(1843)、徐繼畬著《瀛環考略》(1848)等，目的均在打開國人的眼界，進一步師法西方之長，以補一己之短。日本的明治維新即曾受到魏源《海國圖志》的影響。

鑒於喪權辱國之痛，清政府也極謀富國強兵之道，所以在鴉片戰爭之後，在「西學為用」的影響下，設立了製造軍器的兵工廠及訓練軍事人才的海陸軍學堂，也做出了一些成績。甲午戰前，中國所擁有的軍艦並不少於日本，據說海軍的裝備在世界上列名第七位，遠優於列名第十一位的日本(李書崇 1989：272)。與日本接戰後大敗的原因之一，如果所見資料可靠的話，竟然發生中方的砲彈裡裝的不是火藥，而是水泥(梅遜 1987：273)！這真是天大的笑話，竟然發生在堂堂的中國海軍之中！豈不是由於官員貪腐與承包商欺騙的所謂「官商勾結」造成的？看來當日中國的落後，就不只是單純的科技問題，恐怕更是制度與紀律的問題，那就不是「中學為體，西學為用」可以解決的事了。

若從全球的觀點看，文化必定會擴散，強弱不等的勢力必定要尋求平衡，這是物性運動的自然之理。二十世紀初期，中國人歷經屢戰屢敗的挫折，一方面被列強剝削得民窮財盡，另一方面民族自信心盡失，即使在中國人自己的眼裡，作為一個國家，中國也早已失去了昔

日的榮華，而成爲一個極端落後的地區。試看那時中國人自己的看
法：

> 中國是一個落後的國家。惟其落後，故又顯呈江河日下之
> 勢，而愈益落後，而構成現在這樣一個似乎是站在二十世紀
> 文明圈外的非現代的國家。
> 一切都落後，無論是經濟、政治，以至教育。一切都是殘
> 酷、反文明。戰爭、飢饉、災荒、鴉片、貧困、失業、匪
> 盜，人命比螞蟻還要賤似地大量死亡，官僚貪污，軍閥橫
> 暴，土劣豪縱，農村凋敝，都市蕭條，野盈餓殍，道載流
> 亡，賣兒鬻女，甚至易子而食。這樣，便構成了我們的中
> 國。(楊幸之 1933)

　　像這樣的一種境況，怎能怪中國人暗羨西方的文明？又怎能怪有
志之士力圖促成中國的西化？再說，沒有一個國家或地區能夠長期地
閉關自守，置身於世界的潮流之外，何況像中國自認爲這麼落後的地
區。相對而言，西方列強國勢太強了，他們的勢力自然要向落後而沒
有抵抗力的地區伸張。在他們伸張勢力的過程中，中國跟其他弱勢的
國家不用說都變成了受害者，不得不乖乖地把門戶打開，讓強者進
來。先是由華東沿海的港口開始，逐漸深入內陸，一發不可收拾。正
如蔣夢麟所說：

> 由華東沿海輸入的西方文化，卻是如潮湧至，奔騰澎湃，聲
> 勢懾人；而且是在短短五十年之內湧到的。……要想吸收這
> 種文化，眞像一頓要吃好幾天的食物。如果說中國還不至

於脹得胃痛難熬，至少已有點感覺不舒服。因此中國一度非
常討厭西方文化。她懼怕它，詛咒它，甚至踢翻飯桌，懊喪
萬分地離席而去，結果發現飯菜仍從四面八方向她塞過來。
（蔣夢麟 1962:256）

　　豈止是有點不舒服而已，事實上是痛苦萬分，因爲西方勢力所帶
給中國的衝擊對中國的歷史經驗而言是空前的。像王國維這樣深沐於
固有文化而又精通中國史的學者突然於1927年自沉於北京頤和園昆明
湖自盡，與其說是殉清，不如說其不忍見中國國勢日微，固有文化在
西方文化對比下竟破敗如此。其遺書中言：「經此事變，義無再
辱。」陳寅恪在《王觀堂先生輓詞・序言》中即曾寫道：

　　或問觀堂先生所以死之故，應之曰：近人有東西文化之說，
　　其區別分劃之當否，固不必論，即所謂異同優劣，亦姑不具
　　言；然而可得一假定之義焉。其義曰：凡一種文化值衰落之
　　時，爲此文化所化之人，必感痛苦，其表現此文化之程量愈
　　宏，則其所受之苦痛亦愈甚；迨既達極深之度，殆非出於自
　　殺無以求一己之心安而義盡也。

　　這種痛苦，民初的中國知識份子感受最爲深刻。如果不是眞正的
強力衝擊，一向自給自足自信滿滿的中國人絕不會輕易改變自己的文
化故轍。在十九世紀末，中國所面臨的抉擇是不變即無能生存於世，
除了步上西方已走過的道路外，似乎沒有其他選擇。西方之所以強，
是現代化造成的。日本本來也是弱國，經過現代化之後，才躋身於列
強之林。這一點淺顯的道理，中國是經過了長期的痛苦經驗後才漸漸

明白的。中國的現代化雖然是被迫的行為，而且十分緩慢，但是一旦走上了現代化的道路，也就成了一條不歸路了。

三、下層建構與上層意識型態的變革

東漸的西風對中國下層的物質建構及上層的意識形態的影響幾乎是同時進行的。

西方列強為了便利工業產品的傾銷及物質資源的掠奪，在中國沿海的商埠像上海、天津、廣州等地設立工廠，以便就地生產；在內陸建築鐵公路，以利交通運輸。這些設施不久就帶動了所謂民族工業家的興起及政府自發投資於交通建設。雖然基本上中國仍停留在農業生產的階段，但大家已具有工業化為達到富國強兵的必經之路的共識。以機械輸入為例，日本人伊藤武雄所著《現代支那社會研究》一書所載數據如下：

	1913	1921
紡織機器	643,000兩	5,109,000兩
農業機器	113,000兩	21,192,000兩
其他機器	3,700,000兩	26,732,000兩
附屬機器	50,000兩	931,000兩
合計	4,506,000兩	53,964,000兩

（楊幸之 1933）

由上表可見，五四前後八年中機器輸入增長了十幾倍。經濟生產的變動很快就會波及到人民的生活，使後者開始發生變化。女人的放腳運動雖是較晚的事，男人的剪辮卻是從清末的維新派就開始了。這時期可視為中國人的儀表轉換之始。西裝開始在大都市中出現，到了魯迅《阿Ｑ正傳》的時代，甚至在農村中也有穿西裝的假洋鬼子了。大都市中雖有西餐館，中國人吃西餐卻尚不普遍，這一關要等到百年後的今日才見突破。建築的形式，從沿海都市中西方人的住宅及教堂

開始西化，不久內陸的鄉鎮富裕人家及留外的華僑也以建洋樓而傲人了。行的方面，西式的交通工具遠勝國產，故推展更速，洋車、汽車、火車、輪船、飛機，在沿海大城中已成為常見的交通工具。今日我們的衣、食、住、行，與西方人已沒有多大區別，實在是一百年來漸次演變的結果，這樣的變革遠在十九世紀末就已經開始了。

做為社會機制中堅及指標的教育機構的現代化，已由教會開其端。清季官方設立的西式學校，早期的多為國防而設，如天津的水師學堂、廣州的水陸師學堂、南京的水師學堂、陸師學堂、馬江的船政學堂、福州的船政學堂等。甲午戰後，各省設立新式學校，蔚然成風，其中又以京師大學堂及南洋公學最具代表性。這些學校雖然仍不忘提出「中學為體，西學為用」的口號，但在學校架構以及所授學科上都模擬西方的學制。在這些新式學校中受教育的學生，思想上已逐漸違離了傳統的故轍，所以才能夠教育出新一代反清救國的革命志士及五四一代痛詆傳統文化的叛逆學子。

學校是文化傳播最有效的媒介。例如創立於十九世紀後期的上海聖約翰書院，不但教授外語，同時也把西方的文學、哲學、藝術介紹到中國；西方的現代戲劇最早也是經由教會學校傳播而來。五四以後勃然蓬起的新文學、新戲劇、新繪畫、新音樂等，多半出於教會學校及新制學堂的教育之功。

比學校更具有傳播功能的應屬新聞業。傳教士為了廣傳福音，洋商為了宣傳商品，都不能不借助新聞的報導，不久國人也發現了新聞傳播的力量。鴉片戰爭後，英人即將英製印刷機傳入中國。先後在上海發行的報紙有《申報》、《教會新聞》（《萬國公報》之前身）、《各國消息》、《大同報》、《亞東時報》、《益聞錄》、《中外新報》等二十餘種（曾虛白 1966；林有蘭 1974）。新聞紙不但使各地的

消息(包括國外的)迅速流傳,而且成爲公論的園地,舉凡國家大事、社會風習,無不可爲議論的焦點,轉而成爲公衆的輿論,對民智的啓發貢獻厥偉。猶有進者,報紙可以附刊文藝,尤其是小說,使清末的小說大爲風行;一時之間翻譯小說與創作小說同樣流行。

除了小說的翻譯外,《聖經》、《天演論》、《原富》等神學及科學、經濟思想的著作也譯成了中文,使國人逐漸接觸到西方心靈及精神的層次,漸漸瞭解到富國強兵的背後還有一種精神的力量。這時期,西風對中國上層意識型態的衝擊,爲二十年後的新文化運動鋪平了道路。

唯一未曾革新的是政治。自戊戌變法失敗以後,滿清政府在慈禧太后的主政下日益冥頑腐化,甲午一戰,更是喪權辱國。設若當日的變法成功,或實現了君主立憲,是否可以避免了軍閥的混戰以及以後的國共鬩牆,使中國人少受一些折磨?這個問題無法回答,因爲歷史的必然與偶然是無法假設的。

正由於清廷的保守勢力太強,在革新無望之餘,才激發出推翻滿清的革命浪潮,不旋踵進入二十世紀,終於爆發了辛亥革命,在兩千多年的帝制後,創建了亞洲的第一個共和國。中國文化從此也就眞正走上了另一條嶄新的道路。

同樣面對西方勢力的日本,雖然於明治時代維新成功,快速躋身列強之林,但由於沖昏了頭腦,竟然企圖以小蛇之腹吞大象之體,結果使無數日本人民戰死疆場外,又挨兩顆原子彈的荼毒,命運似乎比其凌虐的弱國也好不了多少。看來東方人尚缺少足夠的智慧以應變局。

第二十章
從傳統到現代

一、文化的變遷

一種文化在時間的延續中，必定有所改變。社會學和人類學者常常把文化的變遷類比作生物的演化，認為文化變遷是生物演化的延伸。其實，文化變遷遠比生物演化還要複雜，但在基本的過程上確有可以類比之處。

生物的演化可以從兩方面來觀察，一是個體的，二是群體的。一個生物的個體，基本的演化是由於「生長」，是來自內在的生理作用。在生物界，每一個個體大概都不脫新陳代謝的生理現象，從幼小步向成長，成熟以後又逐漸步向死亡。除了內在的「生長」現象外，外在環境的影響，諸如氣候的變化、食物攝取的種類或是否充足、病菌與病毒的侵襲、意外的災禍等，都會造成生物個體的改變。

生物的群體，在更長遠的時間之流裡，也在不停地變化中。達爾文(Charles Darwin, 1809-82)的「進化論」(Evolutionism)就旨在說明生物的進化過程及促成進化之可能的外在原因。然而達爾文以後的學者，例如法國的物種學家惹珂·莫諾(Jacques Monod, 1910-76)認為即使沒有外在的原因，生物本身的突變也會影響物種的演變(Monod 1970)。就過去已發生的物種演變歷程而言，生物的個體和群體二者

均曾在內在及外在種種因素促使下演變不已。

文化也是一樣，不可能永遠停滯在同一狀態。過去對某些比較原始的文化在膚淺的觀察中所做的停滯不前的結論，不是由於觀察角度不合適所引起的誤解，就是該文化的變遷較爲遲緩不易觀察而已。

早期的文化社會學者，包括孔德（August Comte, 1798-1857）、馬克思（Karl Marx, 1818-83）、斯賓塞（Herbert Spencer, 1820-1903）、佛洛依德（Sigmund Freud, 1856-1939）、涂爾幹（Emile Durkheim, 1858-1917）、韋伯（Max Weber, 1864-1920）等，都曾從不同的角度對文化變遷做過詳盡的論說。有關文化變遷的主要理論不外「進化論」、「傳播論」（Diffutionism）、「生產力論」（Productivity Theory）、「人格發展論」（Theories of Personality Development）（包括心理因素及理性覺醒）、「結構功能論」（Structural-functionalism）等，雖然著眼點有異，但都揭露了複雜的文化變遷的一部分眞相。

文化變遷在不同的時代和不同的地區可能有緩急之別。變得慢，卻並非不變。因此，只要有變，就有所謂新與舊的差別。新的是當代新生的事物，舊的則屬於傳統，所以傳統與現代的對立是永遠存在著的。如果變遷過於緩慢，二者對立的局勢常常流於無形。倘若變遷迅急，傳統與現代的對立就會給人一種尖銳、突兀的感覺，甚至可能造成認同的危機和文化的震撼。

在中國的歷史上，雖然每一個時代都曾有過傳統與現代的對立，但是眞正造成認同危機與文化震撼的，則莫過於從十九世紀中期到二十世紀末期這一百多年的「現代化」運動。

二、現代化的肇始及傳播

現代化(modernization)，當然不是中國一國的問題，而是全世界共同面臨的問題。社會學者艾森斯達德(S. N. Eisenstadt) 在《現代化：抗議與變遷》(*Modernization: Protest and Change*, 1966)一書中對「現代化」的界說是這樣的：

> 就歷史而論，現代化是從十七世紀到十九世紀在西歐和北美發生在社會、經濟和政治制度中的變遷過程。這種變遷隨後又擴展到其他歐洲國家，並在十九世紀和二十世紀擴展到南美、亞洲和非洲大陸。
>
> 現代化的國家是從極不相同的傳統發展而來的，即使最先進入現代化的歐美國家也是如此。西歐來自封建、專制但相當城市化的政體；東歐來自獨裁的甚少城市化的政體；美國、加拿大、澳洲等則來自殖民地。這些地區的政治、經濟以及宗教的傳統都極不相同，但是他們在現代化的過程中卻漸漸一致起來。

「現代化」的過程是1920年代在人類學和社會學中所發展出來的「傳播論」的有力的例證。當時主張文化「傳播論」的學者，認為古代的文化是在同一文化區域中由一個文化中心向四周傳播的。例如魏斯勒(Clark Wissler)曾指出：

> 文化中心的源起，種族的因素更重於地理位置的因素。這些

文化中心的位置，乃出於歷史的偶然性。（Wissler
1926:372）

有些學者，像艾略特・史密斯（G. Eliot Smith）和裴理（W. J.
Perry）在其著作中更進一步指出埃及是古代世界文化的傳播中心，時
在六千年前（Perry 1923; Smith 1946）。反對「傳播論」的學者則認爲
各文化區有太多事物出於各自獨立的創造，與傳播無干。對於古代文
化的發展到底是傳播重於各自獨立的創造或係相反，雖然尙難以定
論，今日各國各地區的「現代化」卻是大多數人都可以直接觀察到
的，毫無疑義地乃由於傳播，而非出於各自獨立的創造。沒有人會認
爲汽車、輪船、飛機等先進的運輸工具是由各文化地區各自獨力發明
製造的，也沒有人會說各族人民都甚爲巧合地發現了原子能。雖然
英、美、法、德和已經解體的蘇聯，時常在某些發明上互爭獨創權，
那是在這幾個地區都已經達到相當程度的現代化以後的事，並不妨礙
西歐地區作爲現代化肇始的這一歷史事實。

現代化肇始的幾個西歐國家，包括英國、法國、荷蘭和北歐諸
國，都是濱海的地區。這似乎並非是一種巧合，說明了濱海國家除了
漁鹽之利以外，更具有遠比內陸國家優越的交通條件。因爲交通方
便，彼此來往的機會頻繁，便易於產生彼此激勵、彼此競爭的後果。
一個地方創制一種新事物出來，馬上便流通到另一個地方，或爲了競
爭起見而爲另一地區的人民模仿和抄襲。若說一個閉塞的地區由內在
的結構而孕育出現代化來，是難以想像的事。這幾個有限的濱海國
家，不管戰爭也好，或是貿易也好，頻繁的交往都會加速社會和文化
的變遷，所以可以說現代化是由迅速的社會變遷所帶來的後果。

在西歐這幾個先進國家的社會變遷中有沒有產生出一個共同可見

的方向？答案應該是肯定的。現代化最早可資辨認的方向，可以由經濟、政治和社會三方面來加以說明。

在經濟上，是工業的快速成長取代了農漁的生產方式。工業生產既可以致富，財富的聚斂便成為可欲的一種人生目的。工業生產促生了商業革命與資本主義，而資本主義制度也保障了工業和商業的發展和擴張。同時，工業生產和商業的發達使科學研究有了實用的目的，而科學研究也從工業生產和商業運作中汲取資源。工業的大規模生產，不是為了自給自足，而是需要通過商業貿易的手段把產品推銷到更多的消費者手裡。因為貿易的需要，運輸工具的改良便成為當務之急。汽車、輪船、飛機等交通工具便是在這樣的壓力下創造出來，且日益改良，因此商業貿易就更加暢通。為了搶奪工業資源和爭取銷售市場，戰爭也是一種曾經採用而仍然在採用的手段。工業的發展促成工業大都市的興起，改變了農業人口散居的村鎮面貌。大都市的興起會直接影響到政治的結構。因工廠或企業而聚集的人口，又完全改變了傳統聚族而居的習慣，自然難免從集體主義的意識型態轉化為個人主義的意識型態。

就政治而論，文藝復興及十八世紀的啟蒙運動，無不導向民主和人權。民主是古希臘已經實行過的制度，到了經濟發生變化而日漸有利於民主政體之實施的時候，重新發現古希臘的選舉、議會等達成民主制度的重要手段實在是順理成章的事。如果當政者沒有足夠的彈性來適應政治上的這種新要求，就容易激成革命，像法國的大革命，不但一舉摧毀了法國波旁王朝的統治，而且為後來的執政者造就了一次有益的教訓，致使在西歐濱海的國家不管有無保留王位（如英國、荷蘭、丹麥、比利時、西班牙等國的王位至今仍在），都走上了民主政治的道路。在資本主義的運作下，中產階級和工人階級都形成一股不

可輕忽的力量。二者在勞資的利益上雖然有所對立，但對政治民主的要求卻是一致的。民主的最後鵠的就是使人人都有參與政治的權力。執政的人必須時時尋求人民的支持，才能保有他的職權。負責行政的人，必須受到立法的節制。人民行為正當與否的裁決權也不能在行政人員的手裡，而另有專職的司法裁判。因此在民主政治的推行中，立法、司法和行政權的分立乃成為必然的趨勢。民主政治所保障的是人權和個人自由。當然這種個人的自由是在人民的共識中由立法來決定的，並非漫無邊際的自由。民主政治對人權和自由的保障使資本主義和市場經濟的推行更為順利。歷史的實踐證明，凡是在政治上不實行民主而又企圖發展資本主義和市場經濟的，沒有不導致失敗的。例如蘇聯在解體以前，科學研究和軍事力量均已達到相當的高度，唯獨在經濟上一籌莫展，使民生日益困頓，終至脫不了崩潰的命運。

就社會的層次而言，現代化標誌著社會機制的重組。首先，工業的發展使人們脫出了傳統聚族而居的模式，農村大量人口流入都市，人們的就業除由教育程度決定外，也取決於勞動市場的供求關係。基本上每個人都可以選擇自己的職業，雖說選擇的幅度不是沒有限制的。第二，人生價值不再是單一導向。例如在傳統社會中，學而優則仕幾乎是唯一的價值取向。在現代化的社會中，宗教、政治、學術、科技、藝術、文學、工商業、娛樂、體育等各行各業都是獨立發展的領域，雖然其間不免產生互相干預的情勢，但多元的價值取向卻成為現代化社會的大勢所趨。愈是現代化的社會，愈遠離泛政治主義的型態。人與人的關係從個別盡忠（particularism）轉化為一般對待（universalism），例如在以家族主義為尚的傳統社會中，對待族人與親戚肯定有別於外人，在現代化的社會中，對所有的人會不分親疏一體對待。有些社會學者，便把這種分別看作是「現代社會」和「先現

代社會」區別的重要標幟。

此外，科學的提升和宗教的式微是現代化社會的另一徵象。科學並非一切，但現代人的生活大部分皆為科學所賜，也是不爭的事實。宗教從控馭人的力量逐漸轉化為精神輔導的力量，也日漸擺脫了往昔那種獨斷的制裁權力，不能不步上理性化的道路。

以上所述的「現代化」導向，在中國人的意識中愈來愈清晰地呈現出來。五四時代提出向西方學習的重要口號是「民主」與「科學」，已經把握到大方向。只可惜一般民眾對「現代化」的路向不夠清晰。甚至於連知識份子也不例外，以致使中國步蘇聯的後塵走上一條曲折的彎路。

三、現代化還是西化

「現代化」是否即等同於「西化」這個問題，常常為人們帶來一些不必要的困擾。前文曾說「現代化」並不只限於中國，而是一個世界性的現象，也可以說是全世界各地區人民都面臨的一個共同的潮流。這個潮流，它的源頭來自西歐少數的幾個國家，主要是英國、法國、荷蘭和北歐三國。然後向東、向南擴展到德國、奧國、義大利、西班牙及東歐，向西橫越大西洋波及英、法、西的屬地諸如美國、加拿大、紐西蘭、澳洲、中南美洲，最後到達亞、非大陸。

「現代化」的潮流並不都是物質層面的工業化，也含有精神的層面，諸如政治制度、宗教信仰、社會組織、意識觀念等。物質層面的比較容易傳播，也易於為人接受；精神層面的則常常遭遇到巨大的阻力，接受的一方需要一段長時間的反芻，才能夠消化。

正因為接受與消化現代的事物有早晚與遲速之別，各地區開始現

代化的先後與後來現代化的程度便不能成正比。例如日本的現代化較南歐和東歐為遲，但今天日本現代化的程度卻遠超過這些地區。

美國在現代化中是另一個特殊的例子。原為英國的殖民地，其文化傳統及社會制度多來自英國。在1776年獨立以前的殖民地時期，美國遠遠落後於西歐諸國。然而從獨立以後，一面襲取了西歐工業化的技術和民主的政治制度，一面吸收西歐的優秀人才，到十九世紀末期在現代化的程度上已漸漸凌駕於西歐諸國之上。二次大戰以後，更成為足以領導西歐諸國的世界超級強國。二十世紀可說是美國在現代化上反饋西歐的時代。諸如科學技術、企業管理、教育制度，甚至於政黨組織、選舉方式，西歐諸國反倒要向美國取經了。

對中國而言，如果現代化的動因不是起於本體，而現代化的成績又皆取自他人，師法的對象不是歐美，就是經由日本中介的歐美，那麼中國自十九世紀以降的「現代化」與「西化」何異？除非在未來，中國像美、日一般也在本土滋生出更為現代化的事物，足以反饋世界上的其他國家，特別影響到做為現代化源頭的歐美諸國，那時候中國的「現代化」就不再等同「西化」了。

中國是一個歷史悠久具有高度文明的古國，這一點不但中國人自視如此，客觀上也是如此。李約瑟（Joseph Needham, 1900-95）在他的《中國的科學與文明》（*Science and Civilization in China*）系列書中指出，在十四世紀以前，中國執世界科技之牛耳（Needham 1970）。科技之外，中國原有的家族組織、科舉制度、宰相與監察御史的體制在古代的世界原本是很進步的。十三世紀馬克波羅東來的時候，正因欽慕中國的文明，仕元二十餘載始歸，著書盛道中國社會之繁榮富庶、文物昌盛（Lamer 1999）。在他眼裡中國的杭州就如同今日中國人眼中的巴黎或倫敦，是富庶繁華之地，值得西方人嚮往的所在。誰知到了

十九世紀中葉，中國屢戰屢敗於西方強敵之後，忽然面臨到空前的民族自信危機。連最愛國的人士也不禁自問：如果中國真正優越，為什麼如此不堪一擊？如果中國真正文明，為什麼以一個幅員如此之大、人口如此之眾的泱泱大國竟敵不過英、日等蕞爾小邦？但是在如此自問的同時，卻不能放下文明大國的架子，像日本似地坦然向西方虛心求教。當日的中國人的心理想來十分的困擾曲折。在萬般無奈的情形下，只承認西方在物質文明(或技術文明)上優於中國，至於精神的領域，他們仍然是遠遠落後於中國的蠻夷。這種看法反映在魏源的「師夷制夷」論和張之洞的「中學為體，西學為用」的主張上至為明顯。

張之洞的「體用」說，實在是一種不顧實際的權宜之計，當日受到大多數知識份子和滿清官員的呼應，反映了那時候中國人無法放下架子的委屈心理。康、梁維新的失敗，也可能正因為在所提的口號上不曾多照顧到守舊的一面。可見當日即使有心師法西洋，也必須先找出一些維持面子、不失自尊的藉口。這正是後來魯迅在《阿Ｑ正傳》裡所譏諷的「阿Ｑ精神」。

正當一些知識份子提倡如不維新就不足以救國的同時，在鄉野間卻滋生了一股盲目排外的力量，這就是發生在十九世紀末的義和拳運動。義和拳糾結了一群無知的鄉民，在宗教迷信的覆翼下，以「扶清滅洋」為口號，到處燒教堂、殺洋人，在中國北方形成燎原之勢，終於招來了八國聯軍的進攻中國。

義和拳的興起，當然是出於愛國的情操，但其做法確是十分愚昧迷信，非但救不了中國，反倒害苦了中國人。今日看來，中國在受到西方勢力的衝擊之後，所產生的這兩股師洋和滅洋的對抗力量，正足以表現中國人面對西方文明的矛盾心理：一方面企圖排斥消滅之，另一方面在無能消滅對方的情形下就只有接受學習了。

八國聯軍的攻陷北京，對滿清的中國是一次致命的打擊，但也因此敲醒了中國人的滅洋之夢。嗣後，排洋的力量和心理雖仍然不絕如縷，但革命以及師法西洋的思想也因此漸漸佔了上風，終於1911年的辛亥之役推翻滿清，建立了亞洲第一個現代的共和國，掃除了阻礙西化的頑固的清廷。

四、中國現代化的噩夢

初期的現代化，中國付出了很大的代價，比之於日本的西化運動，中國可說是犧牲慘重。如今回顧，眞如噩夢一場。所以造成如此的噩夢，與中國文化制度上欠缺一種應變的機制不無關係。什麼是應變的機制呢？殷海光對這個問題曾提出他的看法。他說：

> 自紀元後第六世紀開始，日本在一千多年之間吸收著中國文化裡較高的文化要件或技術。這一事實，給予日本什麼暗示呢？這使他們覺得外國文化有比本國文化優越的地方，因此本國文化有向外國文化學習的必要。既然日本文化分子有這種感覺，於是他們向外國文化學習時他們不認爲是丟臉的事。（殷海光 1988:498）

從殷海光的意見看來，日本文化之所以具有應變的機制，是因爲過去日本曾經有過學習中國文化的經驗，因此不會覺得學習外國是一件丟臉的事。這只說出了結果，還不曾說出原因。眞正的原因可能正如現代化源起的幾個地區都是屬於海洋型的國家，不是海島，就是濱海，地理上注定了對外開放的性格，同時又有航海交通之便，掠取他

人之長，正如掠取他人的財貨一般，不覺氣餒或自卑，反倒有自傲的感覺。西歐的國家彼此掠取，因而激發了現代化。日本過去掠取中國的文化，並未造成日本對中國的感激或敬畏之情，後來機會一到，便毫不遲疑地掠取中國的土地和財貨。如果把日本順利地師法西歐而開展自己的現代化從日本人掠取的心態本來瞭解，便不會覺得奇怪了。

中國是一個大陸型的國家，在長時期的閉鎖中，習於自給自足。不但不曾有掠取他人的經驗和企圖，在歷史上反倒時時遭受北方蠻族南下掠取的痛苦，心理上遂時時在抵禦掠取和反抗掠取。因此長期養成的國民性格是「自閉」型的，既反抗為人所掠取，也不會自動去掠取他人，所以到了面臨不得不師法西洋的境況，心理上的阻障才如此的巨大。

五四運動的反傳統可視為剷除阻擾西化心理阻障的努力。今日看來，五四一代的知識分子打出了「打倒孔家店」的口號，把中國的傳統文化說得十分不堪，實在是過分了。然而如果我們站在那一代人的時代背景上來看，他們一面痛恨拖住中國不肯前進的守舊心態，一方面在客觀上也體認到西方文化中的科學與民主確有優越之處，在與保守心態的拔河中，才不得不發出矯枉過正的言論。

五四運動對中國傳統文化矯枉過正的批評，確實發揮了剷除師法西洋心理障礙的作用，盡到了中國現代化啟蒙的職責，自1920年代以後，中國現代化的腳步要加快了許多。贊同西化的知識份子越來越多，反對西化的越來越少。但是仍有少數的學者以捍衛傳統文化自居，例如梁漱溟於1921年發表〈東西文化及其哲學〉一文，認為中國文化至少有兩方面優於西方文化：在物質生活方面，中國人懂得知足常樂，受不到西方人那種因慾望過盛而產生的痛苦；在社會生活方面，因重視親情，「在社會上處處都得到一種情趣，於人生的活氣多

所培養」，因此寄望「世界未來文化就是中國文化的復興，猶似希臘文化在近世的復興那樣。」(梁漱溟 1935)雖然梁氏對傳統的中國文化心存如此的敬意，又寄予厚望，但仍不得不面對當日的現實，他不能不感慨地說：

> 而唯一東方文化發源地的中國也爲西方所壓迫，差不多西方文化撞進門來已經好幾十年，使秉受東方文化很久的中國人，也不能不改變生活，採用西方化！幾乎我們現在的生活，無論精神方面，社會方面，和物質方面都充滿了西方化，這是無法否認的。(梁漱溟 1935)

梁漱溟最後的結論仍不得不建議「對於西方文化是全盤承受，而根本改過。」他的文章在當日引起了相當的反響，有贊同的，也有反對的。事實上從魯迅、胡適那一代以後，留美、留日、留歐的中國學生日漸增多，留學歸來的學生在政府中和社會上也多受到重視，逐漸地竟形成中國青年人一心嚮往留學的風潮，視留學西方爲鍍金，爲進身高層社會的階梯。他們在西方目睹了西方社會的種種進步，回到國內多半都成了西化派，對中國固有的文化難免表現出否定的態度，以致使清末「中學爲體、西學爲用」的言論到了五四以後，逐漸銷聲匿跡，倒是有條件西化和全盤西化成了當日知識界爭論的焦點。例如當日廣州中山大學校長陳序經肯定地認爲「西洋文化無論在思想上、藝術上、科學上、政治上、教育上、宗教上、哲學上、文學上，都比中國的好。就是在衣、食、住、行的生活上頭，我們也不及西洋人的講究。」(陳序經 1934a)於是他在《中國文化的出路》一書中正式提出「全盤西化」的主張。他說：

要是理論上和事實上中國已趨於全盤西化的解釋，尚不能給
我們以充分的明瞭，則全盤西化的必要，至少還有下面二個
理由：一、歐洲近代文化的確比我們進步得多。二、西洋的
現代文化，無論我們喜歡不喜歡，他是現世的趨勢。（陳序
經 1934b）

參與維新的梁啓超曾提倡自由，鼓吹解放思想，學習西人的長
處，但是同時尊重中國的傳統。蔡元培、梁漱溟也都是這種態度。大
概當時多數的知識分子都體認到師法西洋的必要，但同時也不願完全
放棄文化本位的立場，因而多半主張有條件地或是部分地西化。針對
「全盤西化」主張的憂心，王新命、何炳松、薩孟武、陶希聖等十位
教授發表了〈中國本位的文化建設宣言〉，重點在：

吸收歐、美的文化是必要而且應該的，但須吸收其所當吸
收，而不應以全盤承受的態度，連渣滓都吸收過來。吸收的
標準，當決定於現代中國的需要。（王新命等 1935）

此文發表後，又引發各方的爭辯。胡適批評該文「正是『中學為
體西學為用』的最新式的化裝出現」（胡適 1935a）。胡適是一位在思
想上推行西化不遺餘力的人物，他在1935年《獨立評論》的〈編輯後
記〉裡說：「在陳序經先生的長文裡，他提起吳景超先生把我算做主
張文化折衷的一個人，這一點大概是吳先生偶然的錯誤。...我是主張
全盤西化的。但我同時指出，文化自有一種『惰性』，全盤西化的結
果自然會有一種折衷的傾向。」（胡適 1935b）三個月後，又自行修正

說：「『全盤』的意義不過是『充分』而已，不應該拘泥做百分之百數量的解釋。……與其說『全盤西化』，不如說『充分世界化』。」（胡適 1935c）在胡適認為，「全盤西化」的主張不過是一種手段、一種策略，目的在盡量學習西方之長，所謂「取法其上，得乎其中」的意思。

主張全盤西化的人受到的攻訐最多，因為不合乎民族本位的原則，但是在實際上也發揮了相當的效用，使傾慕西化的人似乎獲得了某種的附議，遂默默地把中國推向西化的道路。

如果把西化看作是中國用以自救和追求富強的一種策略，這策略是不得已而為之的，在大勢所趨下中國人實在也沒有更好的選擇。然而在這個策略中有一個最大的阻障，就是我們師法的國家，雖然具有民主與科學的光明一面，同時也具有帝國主義的醜陋面貌。更令人不堪的是，這些我們引以為師的國家，同時也是侵略中國欺凌中國人民的敵人！如何要中國人低聲下氣地向敵人學習呢？這實在形成國人在文化本位主義的自尊自大以外另一層心理的障礙。

日本人由於順利而快速的西化，在還沒有受到帝國主義的實質侵略以前，已經也躋身於足以侵略他人的帝國主義之列。中國沒有這種幸運，從清末的洋務運動到日本大舉入侵中國的抗日戰爭，一直處於師法西洋和反抗帝國主義的矛盾中。這個心結始終沒有完全解開。

五、資本主義還是社會主義

二次大戰結束，日本也吃到了苦果，戰敗投降。中國由於參與了英美的聯合戰線，與英、美諸國從敵對的狀態轉化為並肩作戰的戰友。戰後西方列強也聲明了放棄過去帝國主義時代在中國所攫奪的特

權。看樣子這種對西方敵對的心結可以解開了。然而，情勢的發展又使中國人陷入了另一種仇外與排外的心結中。

戰後國共之爭繼起，引發了長達四年的慘烈內戰。在中國內戰期間，西方英美諸國因共同反共的立場，自然給予國民黨以援助，這就種下了中共執政以後仇視西方的種子。加上在美、蘇冷戰的年代，反抗西方和敵視資本主義世界是社會主義國家共同的戰略，中共自然也無能置身事外，於是鐵幕在中國的邊界低低垂下，在長達三十多年中阻絕了與西方世界文化和物資的交流。中共在毛澤東的領導下唱出了「自力更生」的口號，有意地排除了來自資本主義世界的任何影響。

毛澤東本人曾經是站在上海碼頭向駛向法蘭西勤工儉學的同志好友揮手送別而自恨沒有同樣幸運登上西向海船的人。毛澤東同樣也是在北京大學受夠了當日留美歸國的學人像胡適者趾高氣揚的氣燄的人。酸葡萄在他個人心胸中會發酵膨脹，但在中國廣大的農民心懷中如不曾仍潛伏著義和拳的種子，毛澤東個人的酸葡萄心理也無能為力。誰知1949年以後的中國農民，對中國和世界的認識與清末的義和拳相差無幾，要想煽動農民們奮起的熱情，反抗帝國主義救中國遠比提倡以西方為師更為奏效。毛澤東的政策所以能夠受到農民和具有農民心態的人們的呼應擁戴，正因為他貼合了中國農民的義和拳心理，這是毛澤東曾經留法、留德、留俄的同儕都無法望其項背而不得不屈從於毛氏個人氣燄之下的原因。

中共在長達三十年的社會主義建設中，到底使中國現代化了多少？這是不易衡量的。在科技發展上，中共是做出了突出的表現，例如掌握了原子彈和原子能，甚至有能力發射人造衛星。但是在政治制度上、在經濟發展上、在民生問題上，有什麼現代化的表現呢？據表面的觀察，毛氏生前，大陸上的都市生活和西北的貧困農村、一般人

民生活的貧苦，比起1949年前，在現代化的道路上不獨沒有前進，反倒好像倒退了！眞是現代化美夢難圓，而噩夢連連。這個情況，直到鄧小平當政以後實行對外開放政策才有所改變。

同樣是中國人治理的台灣，自然是另一副面貌。在國府撤退到台灣的初期，復古和維新的言論並存。表面上雖然打出了恢復固有文化、繼承傳統道統的旗幟，但實際上卻與美日技術合作，大量吸引外資，向西方送出大批的留學生。到了蔣公逝世，蔣經國繼續領導的時期，西化的趨勢由隱而顯，不但在公家機關留美留歐的學生普遍受到重用，社會上各部門，尤其是高等學府，留學生已經取得全盤領導的地位，特別是留美歸國的學生更佔據了重要的位置。社會上哈美哈日之風盛行，以說夾帶美語的中文爲榮，美日的風習成爲青少年爭相模仿的對象。最高學術機構中央研究院，幾乎已經成爲美國學院，大多數院士皆爲美籍華人或在美國已有成就的華裔學人，而與美國無關的國學大師、哲學大師反倒不與焉！最近由於選舉，國、民兩黨的彼此揭露，我們才知道政府的高官及民代，多半不是具有美、日的雙重國籍，就是擁有綠卡或櫻花卡，可見台灣的美化、日化之深。

台灣並未打出全盤西化的口號，然而在向歐美日取經的過程中，似乎也並未設限。經濟上由干預而漸次走向市場爲導向的自由經濟，政治上在後蔣經國的時代已開放成議會政治和多黨競爭的局面。中國五四以來師法西洋的路線，只有到了1960年代以後的台灣才看到了經濟起飛的實效。人民眞正嚐到了富裕的甜頭，就不會有人再反對西化了，也少有人再來倡導復古，甚至連最最缺乏中國味的麥當勞漢堡，初臨台北街頭，竟造成打破全世界紀錄的大狂銷。這都是清末洋務運動的官員和五四一代倡導西化的知識分子難以想像的事，胡適和陳序經如果活到今日，是否會頷首微笑了呢？

　　到了1980年代大陸不得不再度向西方開放，重拾殘破的西化之夢。驀回首，才驚覺已經白白蹉跎了三十年的光陰，不能不有些暗羨台灣。誰知又過了二十年步入二十一世紀之後，中國大陸從毛澤東時代的一清二白居然成為暴富，大陸冒出眾多腰纏萬貫的富豪，有的反倒來台灣撒錢救貧扶弱。在西方資本主義自由市場的原則下，歐美的資本家無法不受中國大陸低廉勞工、廣大市場的誘惑，結果使中國在短短的時間中躍升為世界上最大的生產工廠，甚至影響到美國的進出口失調、失業率急升、美元貶值與經濟不振。如今美國政府財政赤字嚴重，幾乎要靠借債度日了。反過來，中國竟成為美國最大的債權國。當然，中國大陸的施政者如經驗不足、政策不當，仍然存有為老牌的資本主義大國以經濟、金融等手段操縱的隱憂。（余雲輝 2011）不過，二十世紀末期的種種發展，使人覺得一旦放下架子，虛心求教，也並非一樁難事，更不算是一件丟臉的事，而且可以立竿見影，成效卓著，過去的日本，今日的台灣和中國大陸都是明證。在跨國資本、自由經濟的原則下，帝國主義者也無法像昔日般地獨斷獨行，或任意動武。原來落後的國家，只要把持住主權，在國際間善加折衝、運用，靠了外來資金、外來技術，居然也可以日漸膨脹而成經濟大國，這是清末的「夜郎」派、「滅洋」派、民國的「反帝」派、毛澤東時代的「自立更生」派都無法認同，也無法想像的事。然而回首往塵，現代化竟然折磨了中國達一個世紀之久。其實學習他人之長與民族自尊，並不見得有必然的衝突，了悟到這一點也要付出如此慘重的代價！

　　至於傳統文化，即使立意放棄，也不是輕易放棄得了的。傳統與現代化之間的關係，正如《從西化到現代化》一書的編者羅榮渠所言：

背棄了傳統的現代化是殖民地或半殖民地化，而背向現代化的傳統則是自取滅亡的傳統。適應現代世界趨勢而不斷革新，是現代化的本質，但成功的現代化運動不但在善於克服傳統因素對革新的阻力，而尤其在善於利用傳統因素作為革新的助力。（羅榮渠 1990:33）

第二十一章
從集體主義到個人主義

一、個人主義與資本主義相伴而生

人類在地球上出現以來應該就是集體的型態，雖然不會像蜂、蟻之類的生物組織那麼嚴密、分工那麼顯明，但至少會像今日所見的猿群、狼群、獅群等群居的哺乳動物般營集體的生活。

最早的集體生活，以血緣的關係相結合，蓋無疑義。自然的血緣縉連，逐漸形成意識中的家族群體，這是各民族社會生活的共同出發點。自此而往，集體的性質又因社會的發展不同而有差異。有的重宗教信仰，人們以教會為中心而結成群體，如中世紀的基督教國家及伊斯蘭教國家；有的以政治的統轄區分，如中國的歷代王朝。

中國人的集體生活雖說因政治而區分，像縣、鄉鎮、村等行政區的劃分做為居民群居的活動範圍；但因為中國的政治型態原本來自家族主義的延伸，所以過去基層的行政區劃與家族的單位兩相重疊，鄉與村，常常是單一家族居住與活動的區域。即使其中有外姓雜居，也多半有一大姓做為主導的勢力。

中國的政治倫理、宗教崇信與家族倫理、家族信仰是一致的。忠恕孝悌，為政治及家族共同遵守的法則；敬天祭祖，也是政治及家族共同實踐的儀式。二者互相滲透，致使政治組織是家族式的，而家族

組織又是政治式的。在這種強有力的集體意識中，沒有個人意識抬頭的可能。

西方在中世紀，教會權力至上的時代，也是集體的宗教生活滲入於集體的家族生活，而無個人的生活。殆至工業革命以後，流動力強的工人階級破壞了集體的傳統族群，中產階級的興起，又日漸攫奪了王朝和教會的權力，個人的意識才有覺醒的機緣。

「個人」這一個觀念，開始仍然是從集體的觀點來顯示其正面的意義。例如早期英國的經濟理論所強調的一點是：「個人的私利必產生最佳的公利。」(The self-interest of each will produce the best interest of all.)個人私利之值得肯定，因為必會產生最佳的公利；如不能產生最佳的公利，個人的私利便不值得肯定了。所以在從集體主義過渡到個人主義的初期，個人的利益以及個人的價值是當作一種達到公眾利益或有利於集體人群的手段來看待的。

由尋求個人利益及保障個人利益，而奠定了資本主義的理論基礎。在資本主義的運作中，不能不強調個人的智慧、個人的權利、個人的自由。個人主義是與資本主義相伴而生的，沒有個人主義，資本主義不可能充分發展；沒有資本主義，個人主義也不可能抬頭。

我們翻開十九世紀後半期的西方小說和戲劇來看，多半都是為個人主義鳴鑼開道的作品。福樓拜的《包法利夫人》和托爾斯泰的《安娜‧卡列妮娜》就是從個人主義的立場來看待兩位女主人翁的遭遇，對於紅杏出牆的女性一反傳統的貶責，而賦予憐憫與同情。易卜生的劇作寫的都是個人的覺醒，因此易卜生主義幾等於個人主義的同義語。現代主義的文學與戲劇，不管是「意識流」，還是「荒謬劇」，都是徹頭徹尾的個人主義的表現。

個人主義遂由達到最佳的集體主義的手段，逐漸贏得本身的價

值，而成爲一種追求的目的。到了資本主義的後期，個人主義已經不需要集體主義的掩護，就可以受到正面的肯定。個人的權利，或說「人權」，即由是而生，沒有人敢於公然以集體利益之名來剝奪個人的基本權利。

二、民主的理念與個人的權利

民主政制的理念，也是由個人權利的基礎上產生的。皇權時代，權力來自天賦，個人沒有置喙之餘地。族長與家長的權力也是生而具有，並不受個人意志的左右，所以那是集體主義的政治型態。在個人主義主導了人的意識之後，每個人都需要伸張他的政治權力，除了賦予每個人參政權以外，簡直沒有其他的方法來維護每個人的政治權力。然而，讓每個人參政又是不可能的事，於是在長期的思考與實驗後產生了代議制和政黨政治的辦法。代議制是由公民投票選出足以代表一己權力的議員；政黨政治則是由不同的利益團體結合成一個政黨來保障一己的權利。

民主政制是資本主義經濟和個人主義的意識型態下的產物，所以民主政制也反過來保障了資本主義的經濟和個人主義的理念。

中國一向是一個集體主義的國家，在歷史上既不曾產生資本主義，也不曾實行過民主政治，因此不可能出現個人主義的意識型態。今日中國人的個人主義完全是由西方輸入的一種觀念。最明顯的一次對個人主義的輸入是1918年《新青年》雜誌製作的《易卜生專號》，其中刊載了胡適寫的〈易卜生主義〉一文，即大事張揚個人主義。那時候個人主義一詞聽在中國人的耳裡，還是一個容易引起反感的名詞。嗣後由於國人不斷地輸入西方的民主政治及資本主義等觀念，個

人主義的觀念自然也就連帶地進入中國人的意識之中。但是絕少有人像胡適那樣大張旗鼓地來宣傳個人主義。習慣於集體主義意識型態的中國人，對個人主義總抱持著一種懷疑的態度，並不能完全肯定個人主義的正面價值，這就是為什麼在1949年中共攫取政權以來，公開地宣揚社會主義的集體主義，個人主義立刻就變成了自私自利的代名詞。中國人從家族的集體主義走向社會主義的集體主義，反倒是一件順理成章的事。

在以個人主義為主導的世界潮流中，社會主義的集體主義並沒有顯露出其優越性，不但在經濟發展上慘遭挫敗，就是在人際關係上也沒有獲致成功。在長久的「為人民服務」、「一切為公，絕不為私」的政治口號宣傳下，反倒造成了種種陽奉陰違、投機取巧、虛偽詭詐的個性，連傳統社會中所形成的集體主義的美德，例如對家族的奉獻、對朋友的忠信也破懷無遺了。

台灣很幸運地不曾經過社會主義的洗禮，等於從傳統的家族式的集體主義逐漸向資本主義的個人主義蛻變。我們仍記得在民國四、五十年代，胡適和殷海光所代表的自由主義和個人主義的《自由中國》上的言論，仍然受到當政者的排斥，一般社會上的言論，也並不認同個人主義的價值。然而由於資本主義自由經濟的運作，由於日益加速走向民主政治的步伐，個人主義實際上已經成為一種不言自明的實踐。在立法上對個人權利的日漸重視，就反映了這一個現象。今日在台灣，合法地追求個人的利益，不會被人視為不合於道德的行為。成年的兒女不再受父母的約束，在生活上獨立門戶，也日漸成為一種不可避免的現象。因此，即使在台灣沒有人大張旗鼓地宣傳個人主義，個人主義已早在日常生活中實行起來。

三、在個人主義與集體主義之間

個人主義與集體主義孰優孰劣？沒人可下斷語。因為二者各有利弊。對於人們生活品質的影響，端視其與社會中其他機制之配合是否順利而定。皇權政體及大家族聚族而居的情形下，不可能產生個人主義；在資本主義和民主政治的運作下，集體主義也會扞格不入。

由集體主義轉入個人主義，人們會遭遇到兩種不同的困境：一是尚未消失的集體主義的倫理與已經實行的個人主義的行為之間會產生嚴重的矛盾與磨擦；二是個人主義本身所帶來的無法自解的問題。

集體主義中最高的道德指標是利他主義，個人為集體所做的犧牲越大，便越會受到社會的尊崇。資本主義的以各私其私為目的的競爭，可以說是與利他主義背道而馳。如果心理上存有利他主義的理想，所做所為卻是利己的實踐，即使不會造成人格分裂，也會形成心理上的一種負擔。節約與苦行也是集體主義中的美德，因為在有限的資源供應中，只有靠個人的節制才會有利於集體中的其他成員。在今日大眾的消費社會中，節約與苦行都可能造成社會問題。前者可能會使貨物滯銷、工人失業；後者則可能影響公眾健康，造成勞動力失調。因此節約與苦行都已不是今日必要倡導的德行了。

個人主義又帶來些什麼不能自解的問題呢？最顯而易見的就是人際關係的惡化。人與人之間不但不相干的人形同陌路，就是家人親子之間也日漸疏離。父母對子女失去了傳統的權力，子女成人以後儘早脫離父母的掌握。兄弟姊妹之間越來越少彼此的扶持，對年老的父母子女也越來越脫卸了扶養的責任。離婚率的日高使夫婦之間也不再有穩定的感情生活。當年個人覺醒的娜拉棄夫而去，開闢了女權主義的

道路，今日有太多棄夫而去的娜拉已經動搖了家庭的根本。在今日社會中的個人日漸成為一個自負甘苦的孤絕的影子。

鑑於個人主義所帶來的問題，在資本主義國家中也有不少企圖恢復集體主義的嘗試。馬克思所倡導的階級團體本來也是其中之一，不幸多年的試驗，卻造成了更大的災害。今日有些宗教團體、婦解運動者以及秉持某種理想的集體都曾嘗試經營一種集體的生活。有的成功、有的失敗，但到處都有人再接再勵地不斷嘗試，也足見在個人主義主導的世界中，人們對集體主義仍然不能忘情。

有沒有集體主義和個人主義之間的中間路線？到目前為止，尚未見這種例子。也許，大陸上目前的所謂個體戶，是集體主義中的個人主義；資本主義社會中的公社，例如以色列的集體農莊之類，則是個人主義中的集體主義。但是這二者都不是穩定的，大陸上的個體戶普及之後，可能會使個人主義取代了集體主義；資本主義中的集體公社倘若果然優越，也自會造成資本主義及個人主義變質。二者都是需要我們拭目以待的。

第二十二章

結　語

　　中國人目前所面臨的最大問題，恐怕就是文化的承續與更替這一問題。這個問題特別引起知識界的關懷，不但是過去唐君毅、錢穆、牟宗三、徐復觀等具有儒家史觀而奮力振興新儒學的前輩學者所關切的題目，同時也是主張西化的人士，如已去世的胡適之和殷海光等學者所不曾忽略過的。

一、絕對文化與相對文化

　　每一種文化都具有主觀與客觀的兩種面相。容我在此暫借兩個名詞來表達我意欲表達的意思：一個是「絕對文化」，一個是「相對文化」。客觀言之，所有的文化都是相對的，不但其演進的過程可以而且曾經彼此影響，其價值觀念也可在比較中而見高下。但主觀而言，所有的文化則都是絕對的。因為在長久的演化中，每一個自成體系的文化都有其自身的結構與作用，幾乎難以與不同體系的文化做個別性的比較，也因此每一種文化都先天地具有一種強制性、侵略性和排他性。當兩種不同體系的文化交鋒衝擊時，大概可以產生兩種不同的結果：一種結果是一種文化傾覆而消失，另一種文化吸收了敗績文化的殘餘後，維持原狀或形成另一種新文化（視敗績文化的殘留成分而

定）；另一種結果則是雙方面混融而形成一種或多種新文化。前者最明顯的例子莫若西班牙人之征服中南美洲。中南美的印地安人的文化雖然傾覆而消失了，但是它的殘存使中南美的文化有別於西班牙的文化。後者最明顯的例子則莫若希臘羅馬的文化傳統與希伯來基督教文化混融後所產生的各種不同的西方文化。

但文化上的成敗並不一定決定於武力征服的成就。中國在元清兩代兩次為異族所征服，在文化中非但不曾傾覆，而且反倒同化了征服者。同理，蒙古人征服了俄羅斯人，卻不曾征服了俄羅斯的文化。一種文化之是否強韌優越，只有在遭逢對手時才可以表現出來，因為任何一種文化在未曾遭逢強有力的對手時都是強韌而優越的「絕對文化」。中國的文化在上一個世紀遭逢到西方的衝擊之前，一直停留在絕對文化的意識層面。在四千多年的醞釀演進中，中國文化早已具有了定型的社會和經濟結構，在各個部分之間也早已形成了彼此相適應的作用。這就難怪在與西方文化接觸之前，從不曾有人發現婦女之纏足有什麼不便與不當，也沒有人感到中國婦女之地位有什麼不合理之處。那正是因為中國婦女之纏足及中國婦女之地位恰是適應配合文化整體與社會結構的一個環節。如缺失了這一個環節，整體也就勢將有所變化。這正是今日我們所面臨到的情勢。

中國人之所以特別具有一種「絕對文化」的意識型態，乃是由於中國在鴉片戰爭之前始終未曾遭逢到強有力的文化的衝擊，中國人也就不免養成了一種為自己所嘲笑的夜郎人的那種以本體文化為中心的觀念。今日有些西方人也是如此，因為不曾遭逢到與西方文化力敵的對手，便不免養成一種以西方文化為「絕對文化」的意識型態。但在經過了鴉片戰爭的慘敗、五四運動的洗禮和近代中國的大變革之後，大多數的中國知識分子都可以跳出自己的文化本位比較客觀地觀察這

一個世界，而可以採納「相對文化」這一觀念。也就是說文化的價值不應是絕對的，在必要時需要加以調整，甚或改弦易轍以適應新的情況。在考慮到整個人類發展的情況下，不能適應新情況的文化因素，當然應該讓步，不管是自己多麼珍惜的或是混融了多少個人的私情在內的文化因素。

但是這裡又牽涉到另一個問題：如不由某一種文化的本位出發，又該以什麼做為標準來衡量適應與否或價值的高下？特別是這種混凝了個人經驗和主觀情感在內的文化因素，如何能得到客觀的標尺？這個問題的確是不易解決的，但卻也並不是絕對不能解決。時間和自由是解決這個問題的兩把鑰匙。有充足的時間，給予人們留戀徘徊與促使重生的決心的餘裕；同時給予人們充分抉擇的自由──包括肯定自我與否定自我二者在內。如果把否定自我看做是再肯定或新生的起點，也許就不至於懷抱了過多的自卑或自傷的情懷。

日本的文化變遷是一個很好的例子。日本並非不曾有過本位的文化，但在漢唐間遭遇到中國文化的衝擊時，很快地調整了自我的文化，適應了新的情況。到了十八、十九世紀間，又遭逢到西方文化的衝擊，又相當快地調整了步伐，適應了新的情況。我們在嘲笑日本人沒有文化慣會學樣之餘，靜下心來想一想，是否原來的日本文化中本就具有了一種迅速應變的機敏的因素，和勇於學習吸收的寬大包容的精神。如果這麼一仔細觀察，原來以為日本人文化缺點的可能正是他的優越之處。以日本的地理環境，沒有成為今日的另一個爪哇島，那就足以表示日本的文化決不簡單！今日，如果西方的文化要找一個對手，那就該是日本。可是日本畢竟太小了，無論就地理面積和人口而論，與它的國勢都不成正比。我們假設說，要是換成中國，有中國的地理環境和人口，加上日本式的經濟和文化發展，不是正可以做為西

方文化的對手了嗎？可歎的是中國不是日本，中國到現在還沒有日本式的發展。將來中國是否可以發展成為一個經濟和文化的大國，尚在未知之數。如果我們要來問：中國和日本在近代史上幾乎有同樣的機會，也許在物產和人手的條件上更優於日本，為什麼日本可以做到的中國做不到呢？要回答這個問題，就不能不再回顧到中國文化的本身，加以仔細的思考與反省。

二、老人文化

　　前文已經說過，不經比較的文化，便是絕對的文化。在絕對的文化中只有從結構與作用上來了解，而不能做價值的評斷。例如我們可以了解為什麼女人纏足是中國文化的一部份，但不能離開當日的社會結構來評斷纏足之是非。今日我們就可以評斷婦女纏足之是非，那是因為不但有了文化上的比較，而且中國的社會本身也發生了根本的變動。同理，就整體文化而論，在經過了西方的人類學和社會學的百餘年的研究成果之後，早就有了細節的和籠統的比較，所有的文化都可以比較的層次上做進一步的了解。在此，我只提出一個前人未曾注意的觀念做為一種研究和了解中國文化的起點，而非做為一種結論。根據我個人的觀察，中國文化並不一定是一種老化了的文化，但卻是一種「老人文化」。這其間有什麼差別呢？老化了的文化乃指一種文化因發展的歷史久遠，呈現出僵化的特徵，失去了應變的機敏性。「老人文化」則指以老年人的感官反應、思維方式以及習慣嗜好為中心為主導所形成的一種文化。這兩個概念的思考層次不同，不可混為一談。

　　談到中國文化，就不能不談儒家。企圖以儒家的思想概括中國文

化之整體，固然極爲謬誤，但否認儒家在中國文化中的主導地位則一樣地不合事實。據史記的記載，儒家文化的兩個重要的奠基者周公和孔子，在他們的思想和言論發生作用的時候，都已經是老人。另一個對周文化有決定性影響的姜尚，一開始就以老人的姿態出現。那麼在當時的具有影響力的決策者均爲老人，蓋無疑義。這當然並非一種歷史性的偶然，因爲中國至少在周代已經形成以外婚制的家族爲中心的社會結構。家族不但是一個社會組織的單位，同時也是一個政治組織和經濟生產的單位。外婚制使本族的女性成爲暫時成員而婚入的女性又是外來者，是故保有了男性的優越地位。在這樣的一個單位中，領袖的產生自然是遵循當日自然演變的法則，以年紀最大的男性爲族長，然後以男性的嫡長世代相傳，即所謂的「宗法制度」。因此制定政策參與謀略者皆是年長的男性，而婦女與年輕的男性不與焉。從周到秦漢間，甚至說直到今日，主導政策和社會運行法則，無不顯示了男性老人的感受與視野。

老人的感受與視野表現了幾個很顯著的特點：

第一是持重難變。因老年人的感覺器官逐漸退化，失去了應變的機敏，不容易改變自己的意見和看法。在理論上常以「擇善固執」的立論取代「日新又新」的精神。

第二是反進化的態度。由第一個特點的保守的心態，衍生出對新生事物之排拒心理，因此對歷史的演化採取退化的或者說朝後看的史觀，認爲春秋時代不如周，而周則不如三代。這自然也是來自老年人懷念自己幼壯時的一種潛意識作用的反射。

第三是以理想代現實。老年人之感官失靈，使他不由己地陷入與當下的現實發生某種阻絕的情狀，不易把握易變的現實的新形貌，自然以理念中的眞實取而代之。這一特點在儒家思想中特別明顯。不但

阻礙了科學精神的發展，而且增添了中國歷史中的種種諱筆和假想的史實。

第四是口舌感官特別發達，其他感官則相對的較爲遲鈍。這一點從重口舌之慾而輕聲色之慾表現得極爲清楚。這自然又是老年人的特有現象。

第五是對性慾之恐懼與輕視，連帶地輕視婦女之地位與其生理現象。自然這也是男性老年人特有之心態。

第六是重腦而輕身。老年人已身頹力衰，不能在身體上取勝矣，因此輕視體力勞動，厭惡運動，不強調人體之美，而寄美感於自然。

第七是對老年人之地位與利益在理論與實際上均盡力維護而輕忽兒童、婦女及年輕人之地位與利益。

例子是不勝枚舉的，以上僅舉其犖犖大者，反證則很少，或者難以舉出。這種「老人文化」正符合了依循四季循環進化遲緩的農業社會的發展要求。因此在數千年的中國的農業社會中一直不變地處於主導的地位。相對農業的生產方式和大家族的社會組織而言，自有其高度的價值。但在相對於今日的工業社會與日漸式微的大家族組織而言，則不一定相適應。我們習以爲常的價值標準是一回事，現實的要求又是另一回事。這不但是今日中國人不易自解的一種心理負擔和痛苦，也是一種文化的悲劇。沒有人在自己世代相傳的文化的衰微與變動中無動於衷。但是敢於否定自我的勇敢與堅強，敢於面對現實以期重獲新生的勇敢與堅強，豈不是也來自我們文化中更深厚的一種根基？也許這種根基久爲表面的浮相所掩蓋，而爲我們所忽略了。如果我們抓住了這種原生的生機，就不怕任何異族文化的衝激與侵越。

這種原生的生機，在中國的文化中是具有的。只要我們把視野擴大，不要只局限在儒家一家的傳統中，我們就會發現中國文化中還具

有其他埋沒了的隱晦不彰的寶藏。在此我們僅提出道家的思想做一個例子。在中國文化的發展中，道家的思想不只一次地補充、刺激、扶助了儒家思想的發展。道家思想雖然不適合中國的社會結構，無能取代儒家思想而處於主導的地位，但卻豐富了中國文化的內涵，而且常在重要的關頭盡到了起弊振衰的作用。

今日與其扞格難入地在儒家的格局中接枝現代的意識，反不如從莊子的「齊物」與「逍遙」中尋求一種重生的出發點。如與儒家的思想相比較，莊子的思想很明顯地代表了一種寬大包容的年輕的心懷，和富於幻想勇往進取的精神。這恐怕也正是為什麼《南華經》（即《莊子》）之成為歷代具有反抗精神的青年人的瓌寶，而見棄於以老年人之意識感觀為視野的統治階層的原因。其實歷代具有反抗精神的青年人所取於《南華經》的，常常只是其個人精神解放的一面，用以抵制儒家的末流所造成的僵化與窒息的氣氛，而忽略了其寬容進取的一面。今日我們重讀《南華經》，就更可以領略到其正面的價值和積極的精神。其中有兩個與現代民主與科學的意識型態可以相啣接的重要基點：一個是「齊物」的胸懷，使我們真切地體會到「包容異己」——無論在個人精神之成長或集體文化之發揚上——皆為一種必要的條件。二是「逍遙」的精神，可以教給我們如何做自我之割捨，如何衝破自己心理的牢籠而展翅高飛。

最近讀到張灝先生一篇討論「傳統與現代化」的文章（張灝1981），覺得有很深刻的洞察力。但有兩點我想應該補充的是：一、不能以儒家的學說概括中國傳統之整體；二、雖然可以借鑑於傳統來批判現代化中的缺失，但不應以傳統範限現代化之發展。主要的原因，乃是由於人類的未來，對目前的人類是一個未知數。在「範限」與「自由」之間，後者應重於前者。我們只要回想到一百萬年以前人

類的先祖的時代，那時候可以稱做「人」的這種動物，何嘗會夢想到一百萬年以後的今日？所以不管人類多麼輝煌的成就，對未來而言都是墊腳的歷史陳跡。西方人的勇往直前的精神，固然引起了很多人的憂慮，但是比之於原地踏步或繞圈子式的發展，總有其值得稱羨之處。說到底，一朵盛開的花，固有它的時限；一朵萎靡的花，也並不能因此而持久。兩相比較，與其萎靡而終，則不如盛放而死。如果像斯賓格勒所認為的一切文化都有其一定的生命過程，如果像天文學家所測知的任何星球都有其一定的壽命，那麼原地踏步式的發展，也並無能阻止大限之來臨。繼續向不可知的未來做「無限」式發展的鴻圖，仍是目前人類可見的唯一希望。在這樣的考慮之下，我們就寧願像西方人似地把蘇格拉底、柏拉圖、亞里士多德以及以後的任何人類的精英，當做前進中墊腳的基石，而不願把孔子、釋迦牟尼和默罕默德奉為指路的明燈，以之為永遠不可超越的神明。東方的文化，在物質和精神發展的雙方面，都已不能自主地追上西方發展的腳步。東方文化的未來的道路，不應該是退縮，而應該是超越，也就是說應該踏上西方文化的肩頭，向前邁進。

那麼就讓我們把《莊子》做為我們前進中的墊腳石，以逍遙的精神來突破自我的蔽障，以齊物的胸懷來吸收包容西方的文化。在融合了西方的文化之後，中國應該可以超脫出「老人文化」的視野，獲得一個嶄新的生命——在人類歷史上不曾有過的一個新生命！然後就可以跳過西方文化的肩頭，向前邁進。台灣也許正在這種嘗試和艱苦的歷程中，擔任了一個先鋒的腳色。

參考資料

中文古籍

《易經》，1955：台北藝文印書館重刊宋本十三經注疏影印本。

《書經》，1955：台北藝文印書館重刊宋本十三經注疏影印本。

《詩經》，1955：台北藝文印書館重刊宋本十三經注疏影印本。

《孝經》，1955：台北藝文印書館重刊宋本十三經注疏影印本。

《周禮》，1955：台北藝文印書館重刊宋本十三經注疏影印本。

《禮記》，1955：台北藝文印書館重刊宋本十三經注疏影印本。

《左傳》，1955：台北藝文印書館重刊宋本十三經注疏影印本。

《穀梁傳》，1955：台北藝文印書館重刊宋本十三經注疏影印本。

《論語》，1957：台北世界書局宋朱熹《四書集注》本。

《孟子》，1957：台北世界書局宋朱熹《四書集注》本。

《墨子》，1965：台北世界書局清孫詒讓《墨子閒詁》本。

《老子》，1955：台北世界書局清魏源《老子本義》本。

《莊子》，1955：台北世界書局清郭慶藩《莊子集釋》本。

《荀子》，1955：台北世界書局清王先謙《荀子集解》本。

《韓非子》，1965：台北世界書局清王先慎《韓非子集解》本。

《淮南子》，1965：台北世界書局漢高誘《淮南子注》本。

司馬遷《史記》，1955：藝文印書館據清乾隆武英殿刊本影印本。

班　固《漢書》，1955：年藝文印書館據清乾隆武英殿刊本影印本。

范　曄《後漢書》，1955：年藝文印書館據清乾隆武英殿刊本影印本。

《山海經新校正》（畢沅校注），1965：台北新興書局。

《商君書》，1956：年台北商務印書館。

《呂氏春秋》，上海商務印書館莊適選註本。

屈　原〈離騷〉，〈九歌〉，《文選》，1955：台北藝文印書館宋淳熙重雕影印本。

賈　誼〈過秦論〉，《文選》，1955：台北藝文印書館宋淳熙重雕影印本。

劉　向《列女傳》，1937：北京中國書店仇英插圖本。

劉　向《說苑》，1937：上海商務印書館。

劉　勰《文心雕龍》，上海商務印書館四部叢刊本。

司馬貞《史記索隱》，北京中華書局。

朱　熹，1989：《周易本義》（「四庫易學叢刊」）上海古籍出版社影印本。

關漢卿，1978：《竇娥冤》，《元人雜劇選》北京人民文學出版社。

紀昀等《四庫全書總目提要》，中華書局影印本。

孫詒讓，1965：〈墨子傳略〉，《墨子閒詁》，台北世界書局。

俞　樾，1973：《諸子評議》，台北世界書局。

林則徐《四洲志》（1839）。

汪文泰《紅毛英吉利考略》（1841）。

楊柄南《海錄》（1842），1985：北京中華書局。

魏源《海國圖志》（1843），1967：台北成文出版社。

徐繼畬《瀛環考略》（1848），清道光24年手稿本。

《聖經·創世紀》，1974：台灣聖經公會版。

中文現當代資料(以作者姓氏筆畫序)

王國維，1917：《殷周制度論》，台灣藝文印書館原刊景印。

王國維，1917：《殷卜辭中所見先公先王考》，台灣藝文印書館原刊
　　景印。

王國維，1994：《古史新證》，北京清華大學出版社。

王新命等，1935：〈中國本位的文化建設宣言〉，載1月10日《文化
　　建設》第一卷第四期。

石璋如，1954：《中國的遠古文化》，台北中央文物供應社。

史徒華，1984：《文化變遷的理論》（張恭啓譯），台北允晨文化公
　　司。

牟宗三，1955：《歷史哲學》，台北臺灣學生書局。

任映滄，1954：《中國遠古史述要》，台北中國政治書刊出版合作
　　社。

李宗侗，1954：《中國古代社會史》，台北中華文化出版事業委員
　　會。

李書崇，1989：〈中國文學之路探尋〉，黎明主編《中國的危機與思
　　考》，天津人民出版社。

余雲輝，2011：〈如何處理好新時期的中美關係〉，7月《時代評
　　論》第2期。

林有蘭，1974：《中國報學導論》，台北臺灣學生書局。

胡　適，1924：《胡適文存》第二冊，上海亞東圖書館。

胡　適，1935a：〈試評所謂「中國本位的文化建設」〉，3月《獨立評論》第145號。

胡　適，1935b：〈編輯後記〉，3月《獨立評論》第142號。

胡　適，1935c：6月21日天津《大公報》。

范文瀾，1964：《中國通史簡編》，北京人民出版社。

侯外廬，1955：《中國古代社會史論》，北京人民出版社。

柳詒徵，1964：《中國文化史》，台北正中書局。

姚一葦，1986：《詩學箋註》（亞里士多德原著），台北中華書局。

馬　森，1990：《繭式文化與文化突破》，台北聯經出版公司。

徐揚杰，1992：《中國家族制度史》，北京人民出版社

徐喜辰，1984：《井田制度研究》，吉林人民出版社。

唐君毅、牟宗三、張君勱、徐復觀，1958:〈中國文化敬告世界人士宣言〉，《民主評論》第9卷第1期。

梁啓超，1956：《古書眞偽及其年代》，台北中華書局。

梁漱溟，1935：《中西文化及其哲學》，上海商務印書館。

梁漱溟，2005：《中國文化要義》，上海人民出版社。

殷海光，1966：《中國文化的展望》下冊，台北文星書店。

孫隆基，1983：《中國文化的「深層結構」》，香港集賢社。

陳序經，1934a:〈中國文化之出路〉（1933年12月29日在廣州中山大學的演講），刊於1934年1月15日廣州《民國日報》。

陳序經，1934b：《中國文化的出路》，上海商務印書館。

陳寅恪《王觀堂先生輓詞・序言》，百度文庫。

陳獨秀主編，1918：《新青年易卜生專號》。

郭沫若，1932：《卜辭通纂考釋》，藝文印書館原刻景印。

郭沫若，1954：〈前期法家的批判〉，《十批判書》，北京人民出版

社。

郭沫若，1962：《青銅時代》，北京科學出版社。

郭沫若主編，1976：《中國史稿》，北京人民出版社。

郭沫若，1982(1930)：《中國古代社會研究》，《郭沫若全集》歷史
　　編第一卷，北京人民出版社。

馮友蘭，1962：〈中國哲學的發展〉《中國哲學史論文初集》，上海
　　人民出版社。

曾虛白，1966：《中國新聞史》，台北台灣政治大學新聞研究所。

張　灝，1981：〈再認傳統與現代化〉，《海外學人》月刊地6期。

梅遜，約，1987：〈西方文化對中國的影響〉，收在《中國傳統文化
　　的檢討》下篇，新店谷風出版社。

程光裕、徐聖謨編著，1955：《中國歷史地圖集》，台北中華文化出
　　版事業委員會。

董作賓，1951：《殷曆譜》、《西周年曆譜》，中研院歷史語言研究
　　所集刊抽印本。

董作賓，1952：〈中國古代文化的認識〉，台北大陸雜誌社。

楊　寬，1955：《戰國史》，上海人民出版社。

楊幸之，1933：〈論中國現代化〉，《申報月刊》第2卷第7號。

楊尚奎，1965：《中國古代社會與古代思想研究》上冊，上海人民出
　　版社。

楊知勇，1983：《雲南少數民族婚俗誌》，雲南民族出版社。

楊憲邦主編，1987：《中國哲學通史》，北京中國人民大學出版社。

裴文中，1954：《中國石器時代的文化》，北京中國青年出版社。

蒙傳銘，1973：《易學新探》，香港廣華書店。

魯　迅，1941：《阿Q正傳》，上海魯迅全集出版社。

摩爾根，1971：《古代社會》，北京商務印書館。

蔣夢麟，1962：《西潮》，台北世界書局。

錢　穆，1952：《中國思想史》，台北中華文化出版事業委員會。

錢　穆，1956：《先秦諸子繫年》，香港大學出版社。

錢　穆，1970：《史學導言》，台北中央日報社。

錢　穆，1974：《國史大綱》，台北國立編譯館。

薩孟武，1969：《中國社會政治史》，台北三民書局。

羅根澤，1982：〈老子及老子書的問題〉，顧頡剛、羅根澤、呂思勉、童書業合編《古史辨》第四冊，上海古籍出版社。

羅榮渠主編，1990：《從西化到現代化》，北京北京大學出版社。

顧頡剛，1982：〈從《呂氏春秋》推測《老子》之成書年代〉，顧頡剛、羅根澤、呂思勉、童書業合編《古史辨》第四冊，上海古籍出版社。

外文

Beauvoir, Simone de. 1949; *Le dexieme sexe,* Paris, Gallimard.

Bober, M.M., 1927: *Karl Marx's Interpretation of History*, Cambridge, Harvard University Press.

Comte, Auguste, 1851-54: *Systeme de politique positive*, Paris, E. Thunot.

Darwin, Charles, 1958 (origin 1859): *Origin of Species*, New York, New American Library, Mentor.

Dickens, Charles, 1859: *Tales of Two Cities*, London, Chapman Hall.

Durkheim, Emile, 2009 (1894): *Les règles de la méthode sociologique*, Paris, Gallimard.

Eisenstadt, S.N., 1966: *Modernization: Protest and Change*, Prentice-Hall, Inc.

Elvin, Mark, 1973: *The Pattern of the Chinese Past*, Stanford University Press.

Flaubert, Gustave, 1857: *Madame Bovary*, Paris, Michel Lévy Frères.

Frazer, J.G., 1890: *The Golden Bough*, London, Macmillan.

Freedman, Maurice, 1958: *Lineage Organization in Southeastern China*, London, Athlone press.

Freud, Sigmund, 1918: *Totem and Taboo*（translated by A.A. Brill）, New York, Vintage Book.

Freud, Sigmund, 1930: *Civilization and Its Discontents*, New York, Jonathan Cape and Harrison Smith.

Gernet, Jacques, 1972: *Le Monde chinois*, Paris, A. Colin.

Gobineau, Comte J.A. de, 1853: *Essai sur l'inégalité des races humaines*, Paris, Librairie de Firmin-Didot.

Goldenweiser, A., 1933: *History, Psychology and Culture*, New York, Knopf.

Granet, Marcel, 1951: *La Religion des Chinois*, Paris, Presses Universitaires de France.

Granet, Marcel, 1959: *Danses et légendes de la Chine ancienne*, Paris, Presses Universitaires de France.

Hegel, G.W. Friedrich, 1910: *Phenomenology of Mind*（translated by J.J. B. Baillie）, London, Allen & Unwin.

Hegel, G.W. Friedrich, 1956（origin 1837）: *Philosophy of History*（translated by J. Sibree）, New York, Dover.

Himmelfarb, G., 1959: *Darwin and the Darwinian Revolution*, London, Chatto and windus.

Hobbes, Thomas, 1651: *Philosophical Rudiments Concerning Government and Society*, Dode Press.

Hobbes, Thomas, 1991: *Man and Citizen* (ed. By Bernard Gert), Cambridge, Hakett Publishing Co.

Hogen, E.E., 1962: *On the Theory of Social Change*, Homewood, Ill., Dorsey Press.

Honigmann, J.J., 1963: *Understanding Culture*, New York, Harper and Row.

Hsu, Francis, 1948: *Under the Ancestors' Shadow: Chinese Culture and Personality*, New York, Columbia University Press.

Ibsen, Henrik, 1997: *A Doll's House* (*Et dukkehjem*, trans. Charlotte Barslund and Frank McGuinness), London, Faber and Faber.

Jung, Carl G., 1953: *Métamorphoses de l'âme et ses symbols*, Georg Genève.

Jung, Carl G., 1979: *Man and His symbols*, London, Jupiter Book.

Keller, A., 1915: *Societal Evolution*, New York, Macmillan. Kirkpatrick, Clifford, 1963: *The Family as Process and Institution*, New York, The Ronald Press Company.

Klemm, Gustav, 1843: *Allgemeine Cuktur-Geschicte der Menscheit*, B.G. Teubner.

Kroeber, A., 1952: *The Nature of Culture*, Chicago, University of Chicago Press. Kroeber, A. & Kluckhohn, C., 1952: "Culture, A Critical Review of Concepts and Definitions," Harvard University: Papers of

Peabody Museum of American Archaeology and Ethnology, Vol. 47.

Lamer, John, 1999: *Morco Polo and the Discovery of the World*, New Heaven, Yale University Press.

Lang, Olga, 1946: *Chinese Family and Society*, New Heven, Yale University Press.

Lévi-Strauss, Claude, 1949: *Les Structures élémentaires de la parenté*, Paris, Presses Universitaires de France.

Lévi-Strauss, Claude, 1964: *Mythologiques: Le cru et le cuit,* Paris, Plon.

Malinowski, B., 1944: *A Scientific Theory of Culture*, Chapel Hill, University of North Carolina Press.

Marett, R.R., 1927: *The Diffusion of Culture*, Cambridger, Cambridge University Press.

Marx, Karl, 1965: "Pre-capitalist Economic Formations" (trans. By J. Cohen) in E. Hobsbawm (ed.), *Pre-capitalist Economic Formations*, New York, International Publishers, pp.67-120.

Marx, Karl, 1967: *Capital* (Edited by Frederick Engels, translated into English by Samuel Moore and Edward Aveling), International Publishers.

Maspero, Henri, 1952: *Les institutions de la Chine*, Paris, Presses Universitaires de France.

Maspero, Henri, 1955: *La Chine antique*, Paris, Imprimerie Nationale.

Monod, Jacques, 1970: *Le hazard et la nécessité*, Paris, Seuil.

Montesquieu, Baron de, 1803: *De l'esprit des lois*, Paris, Pierre et Firmin Didot.

More, Thomas, 1912: *Utopia*, London, The Macmillan Company.

Morgan, Lewis Henry, 1877: *Ancient Society*, New York, World Publishing..

Murdock, G.P. 1963: *Outline of World Cultures*, New Haven, Human Relations Area Files.

Needham, Joseph, 1954-70: *Science and Civilization in China*, Cambridge, Cambridge University press.

Perry, W.J., 1923: *The Children of the Sun: A Study in the Early History of Civilization*, M.A,, Methuen & Co.

Plato, "The origin of the State" (translated by Benjamin Jowett), in Robert Bierstedt (ed.), *The Making of Society*, New York, The Modern Library, 1959.

Rousseau, Jean-Jacques, 1918: *Du contrat social ou Principes du droit politique*, Manchester, The University Press.

Ryan, Alan (ed.), 1979: *The Idea of Freedom*, Oxford University Press.

Smith, Adam, 1793: *An Inquiry into the Nature and Causes of the Wealth of Nations*, London, W. Strahan and T. Cadell.

Smith, G. Eliot, 1928: *In the Beginning: The Origin of Civilization*, New York, Morrow.

Smith, G. Eliot, 1933: *The Diffusion of Culture*, London, Watts & Co.

Sophocles, 1967: *Oedipus the King,* in *The Complete Plays of Sophocles*, London, Bantam Books.

Spencer, Herbert, 1896 (origin 1876): *Principles of Sociology*, New York, D. Appleton.

Spengler, Oswald, 1922：*The Decline of the West*, Oxford University Press.

Steward, Julian H., 1955：*Theory of Social Change*, Urbana, University of Illinois Press.

Tolstoy, Leo, 1918: *Anna Karenina*, Oxford University Press.

Toynbee, Arnold, 1946: *A Study of History*, Oxford University Press.

Tylor, Edward B., 1871: *Primitive Culture: Researches into the Development of Mythology, Philosophy, Religion, Language art and Custom*, London, J. Murray.

Voltaire, 1829（origin 1745）: *Essai sur les mouers et l'esprit des nations*, Paris, Chez Werdet et Lequien Fils.

Weber, Max, 1958: *The Protestant Ethic and the Spirit of Capitalism*（translated by Talcott Parsons）, New York, Charles Scribner's Sons.

White, Leslie, 1959: *The Evolution of Culture*, New York, MacGraw-Hill.

附錄

馬森著作目錄

一、學術論著

《莊子書錄》，台北：台灣師範大學國文研究所集刊，第二期，1958
　　年。

《世說新語研究》，台北：台灣師範大學國文研究所，1959年。

《馬森戲劇論集》，台北：爾雅出版社，1985年9月。

《文化‧社會‧生活》，台北：圓神出版社，1986年1月。

《東西看》，台北：圓神出版社，1986年9月。

《電影‧中國‧夢》，台北：時報出版公司，1987年6月。

《中國民主政制的前途》，台北：圓神出版社，1988年7月。

馬森、邱燮友等著，《國學常識》，台北：東大圖書公司，1989年9
　　月。

《繭式文化與文化突破》，台北：聯經出版公司，1990年1月。

《當代戲劇》，台北：時報文化出版公司，1991年4月。

《中國現代戲劇的兩度西潮》，台南：文化生活新知出版社，1991年
　　7月。

《東方戲劇‧西方戲劇》（《馬森戲劇論集》增訂版），台南：文化生
　　活新知出版社，1992年9月。

《西潮下的中國現代戲劇》（《中國現代戲劇的兩度西潮》修訂版），

台北：書林出版公司，1994年10月。

馬森、邱燮友、皮述民、楊昌年等著，《二十世紀中國新文學史》，
　　板橋：駱駝出版社，1997年8月。

《燦爛的星空——現當代小說的主潮》，台北：聯合文學出版社，
　　1997年11月。

《戲劇——造夢的藝術》（戲劇評論），台北：麥田出版社，2000年11
　　月。

《文學的魅惑》（文學評論），台北：麥田出版社，2002年4月。

《台灣戲劇——從現代到後現代》，宜蘭：佛光人文社會學院，2002
　　年6月。

《中國現代戲劇的兩度西潮》（再修訂版），台北：聯合文學出版社，
　　2006年12月。

〈台灣實驗戲劇〉，收在張仲年主編《中國實驗戲劇》，上海人民出
　　版社，2009年1月，頁192-235。

《戲劇——造夢的藝術》（戲劇評論），台北：秀威資訊科技公司，
　　2010年12月。

《文學的魅惑》（文學評論），台北：秀威資訊科技公司，2010年12
　　月。

《台灣戲劇——從現代到後現代》，台北：秀威資訊科技公司，2010
　　年12月。

《文學筆記》（文學評論），台北：秀威資訊科技公司，2010年12月。

《與錢穆先生的對話》（學術評論），台北：秀威資訊科技公司，2011
　　年4月。

《文化‧社會‧生活》（社會評論），台北：秀威資訊科技公司，2011
　　年9月。

二、小說創作

馬森、李歐梵，《康橋踏尋徐志摩的蹤徑》，台北：環宇出版社，
　　1970年。

《法國社會素描》，香港：大學生活社，1972年10月。

《生活在瓶中》，台北：四季出版社，1978年4月。

《孤絕》，台北：聯經出版公司，1979年9月。

《夜遊》，台北：爾雅出版社，1984年1月。

《北京的故事》，台北：時報出版公司，1984年5月。

《海鷗》，台北：爾雅出版社，1984年5月。

《生活在瓶中》，台北：爾雅出版社，1984年11月。

《巴黎的故事》（《法國社會素描》新版），台北：爾雅出版社，1987
　　年10月。

《孤絕》（加收《生活在瓶中》），北京：人民文學出版社，1992年2
　　月。

《巴黎的故事》，台南：文化生活新知出版社，1992年2月。

《夜遊》，台南：文化生活新知出版社，1992年9月。

《M的旅程》（紅小說二六），台北：時報出版公司，1994年3月。

《北京的故事》（新版、紅小說二七），台北：時報出版公司，1994年
　　4月。

《孤絕》，台北：麥田出版社，2000年8月。

《夜遊》，台北：九歌出版社，2000年12月。

《夜遊》（典藏版）台北：九歌出版社，2005年。

《巴黎的故事》，台北：印刻出版社，2006年4月。

《生活在瓶中》，台北：印刻出版社，2006年4月。

《府城的故事》，台北：印刻出版社，2008年5月。

《孤絕》，台北：秀威資訊科技公司，2010年12月。

《夜遊》，台北：秀威資訊科技公司，2010年12月。

《北京的故事》，台北：秀威資訊科技公司，2011年3月。

《M的旅程》，台北：秀威資訊科技公司，2011年3月。

《海鷗》，台北：秀威資訊科技公司，2011年12月。

三、劇本創作

《西冷橋》（電影劇本），寫於1957年，未拍製。

《飛去的蝴蝶》（獨幕劇），寫於1958年，未發表。

《父親》（三幕），寫於1959年，未發表。

《人生的禮物》（電影劇本），寫於1962年，1963年於巴黎拍製。

《蒼蠅與蚊子》（獨幕劇），寫於1967年，發表於1968年冬《歐洲雜
　　誌》第9期。

《一碗涼粥》（獨幕劇），寫於1967年，發表於1977年7月《現代文
　　學》復刊第1期。

《獅子》（獨幕劇），寫於1968年，發表於1969年12月5日《大眾日
　　報》「戲劇專刊」。

《弱者》（一幕二場劇），寫於1968年，發表於1970年1月7日《大眾日
　　報》「戲劇專刊」。

《蛙戲》（獨幕劇），寫於1969年，發表於1970年2月14日《大眾日
　　報》「戲劇專刊」。

《野鵓鴿》（獨幕劇），寫於1970年，發表於1970年3月4日《大眾日

報》「戲劇專刊」。

《朝聖者》（獨幕劇），寫於1970年，發表於1970年4月8日《大眾日
　　報》「戲劇專刊」。

《在大蟒的肚裡》（獨幕劇），寫於1972年，發表於1976年12月3-4日
　　《中國時報》「人間副刊」，並收在王友輝、郭強生主編《戲劇
　　讀本》，台北二魚文化，頁366-379。

《花與劍》（二場劇），寫於1976年，未發表，收入1978年《馬森獨幕
　　劇集》，台北：聯經出版公司；1987年《腳色》，台北聯經出版
　　公司；並選入1987林克歡編《台灣劇作選》，北京中國戲劇出版
　　社；1989《中華現代文學大系》（戲劇卷壹），台北九歌出版社，
　　頁107-135，1993年11月北京《新劇本》第六期（總第60期）「93
　　中國小劇場戲劇展暨國際研討會作品專號」轉載，頁19-26。
　　（1997年英譯本收入 Contemporary Chinese Drama, Hong Kong,
　　Oxford University Press, pp. 253-374）；2007劉厚生等主編《中國
　　話劇百年劇作選》，北京中國對外翻譯出版社。

《馬森獨幕劇集》（內收《一碗涼粥》、《獅子》、《蒼蠅與蚊
　　子》、《弱者》、《蛙戲》、《野鵓鴿》、《朝聖者》、《在大
　　蟒的肚裡》、《花與劍》九劇），台北：聯經出版公司，1978年2
　　月。

《腳色》（獨幕劇），寫於1980年，發表於1980年11月《幼獅文藝》
　　323期「戲劇專號」。

《進城》（獨幕劇），寫於1982年，發表於1982年7月22日《聯合報》
　　副刊。

《腳色》（《馬森獨幕劇集》增補版，增收進《腳色》、《進城》，
　　共11劇），台北：聯經出版公司，1987年10月。

《腳色－馬森獨幕劇集》，台北：書林出版公司，1996年3月。

《美麗華酒女救風塵》（十二場歌劇），寫於1990年，發表於1990年10月《聯合文學》72期，游昌發譜曲。

《我們都是金光黨》（十場劇），寫於1995年，發表於1996年6月《聯合文學》140期。

《我們都是金光黨/美麗華酒女救風塵》，台北：書林出版公司，1997年5月。

《陽台》（二場劇），寫於2001年，發表於2001年6月《中外文學》30卷第1期。

《窗外風景》（四圖景），寫於2001年5月，發表於2001年7月《聯合文學》201期。

《蛙戲》（十場歌舞劇），寫於2002年初，台南人劇團於2002年5月及7月在台南市、台南縣和高雄市演出六場。

《雞腳與鴨掌》（一齣與政治無關的政治喜劇），寫於2007年末，2009年3月發表於《印刻文學生活誌》。

《馬森戲劇精選集》，台北：新地出版社，2010年4月。

《花與劍》（重編中英文對照本），台北：秀威資訊科技公司，2011年9月。

《蛙戲》（重編話劇與歌舞劇本），台北：秀威資訊科技公司，2011年10月。

《腳色》（重編本，內收《腳色》、《一碗涼粥》、《獅子》、《蒼蠅與蚊子》、《弱者》、《野鵓鴿》、《朝聖者》、《在大蟒的肚裡》、《進城》九劇），台北：秀威資訊科技公司，2011年11月。

四、散文創作

《在樹林裏放風箏》，台北：爾雅出版社，1986年9月。

《墨西哥憶往》，台北：圓神出版社，1987年8月。

《墨西哥憶往》，香港：盲人協會，1988年(盲人點字書及錄音帶)。

《大陸啊！我的困惑》，台北：聯經出版公司，1988年7月。

《愛的學習》，台南：文化生活新知出版社，1991年3月(《在樹林裏
放風箏》新版)。

《馬森作品選集》，台南：台南市立文化中心，1995年4月。

《追尋時光的根》，台北：九歌出版社，1999年5月。

《東亞的泥土與歐洲的天空》，台北：聯合文學出版社，2006年9
月。

《維成四紀》，台北：聯合文學出版社，2007年3月。

《旅者的心情》，上海人民出版社，2009年1月。

《漫步星雲間》，台北：秀威資訊科技公司，2011年4月。

《大陸啊！我的困惑》，台北：秀威資訊科技公司，2011年4月。

《台灣啊！我的困惑》，台北：秀威資訊科技公司，2011年4月。

五、翻譯作品

馬森、熊好蘭合譯《當代最佳英文小說》導讀I，台南：文化生活新
知出版社，1991年7月(筆名：飛揚)。

馬森、熊好蘭合譯《當代最佳英文小說》導讀II，台南：文化生活新
知出版社，1991年10月(筆名：飛揚)。

《小王子》，台南：文化生活新知出版社，1991年12月（原著：法
　　國・聖德士修百里，筆名：飛揚）。
《小王子》，台北：聯合文學，2000年11月。

六、編選作品

《七十三年短篇小說選》，台北：爾雅出版社，1985年4月。
《樹與女－當代世界短篇小說選(第三集)》，台北：爾雅出版社，
　　1988年11月。
馬森、趙毅衡合編，《潮來的時候——台灣及海外作家新潮小說
　　選》，台南：文化生活新知出版社，1992年9月。
馬森、趙毅衡合編，《弄潮兒——中國大陸作家新潮小說選》，台
　　南：文化生活新知出版社，1992年9月。
馬森主編，「現當代名家作品精選」系列(包括胡適、魯迅、郁達
　　夫、周作人、茅盾、丁西林、沈從文、徐志摩、丁玲、老舍、林
　　海音、朱西甯、陳若曦、洛夫等的選集)，台北：駱駝出版社，
　　1998年6月。
馬森主編《中華現代文學大系1989-2003・小說卷》，台北：九歌出
　　版社，2003年10月。

七、外文著作

1963

L'Industrie cinémathographique chinoise après la sconde guèrre
mondiale(論文), Institut des Hautes Études Cinémathographiques, Paris.

1965

"Évolution des caractères chinois," *Sang Neuf* (Les Cahiers de l'École Alsacienne, Paris)，No.11, pp. 21-24.

1968

"Lu Xun, iniciador de la literatura china moderna," *Estudio Orientales*, El Colegio de Mexico, Vol. III, No. 3, pp. 255-274.

1970

"Mao Tse-tung y la literatura:teoria y practica," *Estudios Orientales*, Vol.V, No.1, pp. 20-37.

1971

"La literatura china moderna y la revolucion," *Revista de Universitad de Mexico*, Vol. XXVI, No.1, pp.15-24.

"Problems in Teaching Chinese at El Colegio de Mexico," *Journal of the Chinese Language Teachers Association in North America*, Vol.VI, No.1, pp. 23-29.

La casa de los Liu y otros cuentos（老舍短篇小說西譯選編），El Colegio de Mexico, Mexico, 125p.

1977

The Rural People's Commune 1958-65: A Model of Social and Economic Development（Dissertation of Ph.D. of Philosophy at University of British

Columbia, Canada).

1979

"Water Conservancy of the Gufengtai People's Commune in Shandong" (25-28 May, The Annual Conference of Association for Asian Studies).

1981

"Kuo-ch'ing Tu: *Li Ho* (Twayne's World Series), Boston, Twayne Publishers, 1979," *Bulletin of SOAS*, University of London, Vol. XLIV, Part 3, pp. 617-618.

"*The Drowning of an Old Cat and Other Stories*, by Hwang Chun-ming (translated by Howard Goldblartt), Bloomington, Indiana University Press,1980," *The China Quarterly*, 88, Dec., pp. 707-08.

1982

"Jeanette L. Faurot (ed.): *Chinese fiction from Taiwan: Critical Perspectives*, Bloomington: Indiana University Press, 1980," *Bulletin of the SOAS*, Unversity of London, Vol. XLV, Part 2, pp. 383-384.

"Martine Vellette-Hémery: Yuan Hongdao (1568-1610): théorie et pratique littéraires, Paris, Collège de France, Institut des Hautes Études Chinoises, 1982," *Bulletin of the SOAS*, Unversity of London, Vol. XLV, Part 2, p. 385.

1983

"Nancy Ing (ed.): *Winter Plum: Contemporary Chinese Fiction*, Taipei,

Chinese Nationals Center,1982," *The China Quarterly*, pp. 584-585.

1986

"*Contemporary Chinese Literature: An Anthology of Post-Mao Fiction and Poetry,* edited with an Introduction by Michael S. Duke for the Bulletin of Concerned Asian Scholars, New York and London, M.E. Sharpe Inc., 1985", *The China Quarterly*, pp. 51-53.

1987

"L'Ane du père Wang," *Aujourd'hui la Chine*, No.44, pp. 54-56.

1988

"Duanmu Hongliang: *The Sea of Earth*, Shanghai, Shenghuo shudian, 1938," *A Selective Guide to Chinese Literature 1900-1949*, Vol.1 The Novel, edited by Milena Dolezelova-Velingerova, E.J. Brill, Leiden/ New York/K φ benhavn/Köln, pp.73-74.

"Li Jieren: *Ripples on Dead Water*, Shanghai, Zhong hua shuju, 1936," *A Selective Guide to Chinese Literature 1900-1949*, Vol.1, The Novel, edited by Milena Dolezelova-Velingerova, E.J. Brill, Leiden/New York/K φ benhavn/Köln, pp.116-118.

"Li Jieren: *The Great Wave*, Shanghai, Zhong hua shuju, 1937," *A Selective Guide to Chinese Literature 1900-1949*, Vol.1, The Novel, edited by Milena Dolezelova-Velingerova, E.J. Brill, Leiden/New York/K φ benhavn/Köln, pp.118-121.

"Li Jieren: *The Good Family*, Shanghai, Zhonghua shuju, 1947," *A*

Selective Guide to Chinese Literature 1900-1949, Vol. 2, The Short Story, edited by Zbigniew Slupski, E.J. Brill, Leiden/New York/K φ benhavn/ Köln, pp. 99-101.

"Shi Tuo: *Sketches Gathered at My Native Place*, Shanghai, Wenhua shenghuo chu banshee, 1937," *A Selective Guide to Chinese Literature 1900-1949*, Vol.2, The Short Story, edited by Zbigniew Slupski, E.J. Brill, Leiden/New York/K φ benhavn/Köln, pp.178-181

"Wang Luyan: *Selected Works by Wang Luyan*, Shanghai, Wanxiang shuwu, 1936," *A Selective Guide to Chinese Literature 1900-1949*, Vol.2, The Short Story, edited by Zbigniew Slupski, E.J. Brill, Leiden/New York/K φ benhavn/Köln, pp.190-192.

1989

"Father Wang's Donkey"(translated by Michael Bullock), *PRISM International*, Canada, Vol. 27, No. 2, pp. 8-12.

"The Theatre of the Absurd in Mainland China: Gao Xingjian's *The Bus Stop*," *Issues & Studies*, National Chengchi University, Vol.25, No. 8, pp.138-148.

1990

"The Celestial Fish"(translated by Michael Bullock), *PRISM International*, Canada, January 1990, Vol. 28, No. 2, pp. 34-38.

"The Anguish of a Red Rose"(translated by Michael Bullock), *MATRIX*(Toronto, Canada)，Fall 1990, No. 32, pp. 44-48.

"Cao Yu: *Metamorphosis*, Chongqing, Wenhua shenghuo chubanshe,

1941," *A Selective Guide to Chinese Literature 1900-1949*, Vol. 4, The Drama, edited by Bernd Eberstein, E.J. Brill, Leiden/New York/K ϕ benhavn/Köln, pp. 63-65.

"Lao She and Song Zhidi: *The Nation Above All*, Shanghai Xinfeng chubanshe, 1945," *A Selective Guide to Chinese Literature 1900-1949*, Vol. 4, The Drama, edited by Bernd Eberstein, E.J. Brill, Leiden/New York/K ϕ benhavn/Köln, pp.164-167.

"Yuan Jun: *The Model Teacher for Ten Thousand Generations*, Shanghai, Wenhua shenghuo chubanshe, 1945," *A Selective Guide to Chinese Literature 1900-1949*, Vol. 4, The Drama, edited by Bernd Eberstein, E.J. Brill, Leiden/New York/K ϕ benhavn/Köln, pp. 323-326.

1991

"The Theatre of the Absurd in Mainland China: Kao Hsing-chien's *The Bus Stop*" in Bih-jaw Lin(ed.), *Post-Mao Sociopolitical Changes in Mainland China: The Literary Perspective*, Institute of International Relations, National Chengchi University, Taipei, pp. 139-148.

"Thought on the Current Literary Scene," *Rendition* (A Chinese-English Translation Magazine), Nos. 35 & 36, Spring & Autumn 1991, pp. 290-293.

1997

Flower and Sword (Play translated by David E. Pollard) in Martha P.Y. Cheung & C.C. Lai (ed.), *Contemporary Chinese Drama*, Hong Kong, Oxford University Press, pp. 353-374.

2001

"The Theatre of the Absurd in China: Gao Xingjian's *Bus-Stop*" in Kwok-kan Tam（ed.）, *Soul of Chaos: Critical Perspectives on Gao Xingjian*, Hong Kong, The Chinese University Press, pp.77-88.

2006

二月，《中國現代演劇》（《中國現代戲劇的兩度西潮》韓文版，姜啓哲譯），首爾。

八、有關馬森著作（單篇論文不列）

龔鵬程主編：《閱讀馬森──馬森作品學術研討會論文集》，台北：聯合文學出版社，2003年10月。

石光生著：《馬森》（資深戲劇家叢書），台北：行政院文化建設委員會，2004年12月。

索引

關鍵詞

人名

十一劃

中國文化的基層架構

2012年3月初版

定價：新臺幣350元

有著作權・翻印必究

Printed in Taiwan.

著　　者　馬　　　　森
發 行 人　林　載　爵

叢書主編　沙　淑　芬
校　　對　林　易　澄
封面設計　蔡　婕　岑

出　版　者　聯經出版事業股份有限公司
地　　址　台北市基隆路一段180號4樓
編輯部地址　台北市基隆路一段180號4樓
叢書主編電話　(02)87876242轉212
台北聯經書房　台北市新生南路三段94號
電　　話　(02)23620308
台中分公司　台中市健行路321號
暨門市電話　(04)22371234ext.5
郵政劃撥帳戶第0100559-3號
郵撥電話　(02)23620308
印　刷　者　世和印製企業有限公司
總　經　銷　聯合發行股份有限公司
發　行　所　台北縣新店市寶橋路235巷6弄6號2樓
電　　話　(02)29178022

行政院新聞局出版事業登記證局版臺業字第0130號

ISBN　978-957-08-3956-2 (精裝)

國家圖書館出版品預行編目資料

中國文化的基層架構/馬森著．初版．
臺北市．聯經．2012年3月（民101年）．288面．
14.8×21公分
ISBN　978-957-08-3956-2（精裝）

1.中國文化　2.文化研究

541.262　　　　　　　　　　　　101000631